Los Colores De La Esperanza

Emanuele "Renton" Fortunati

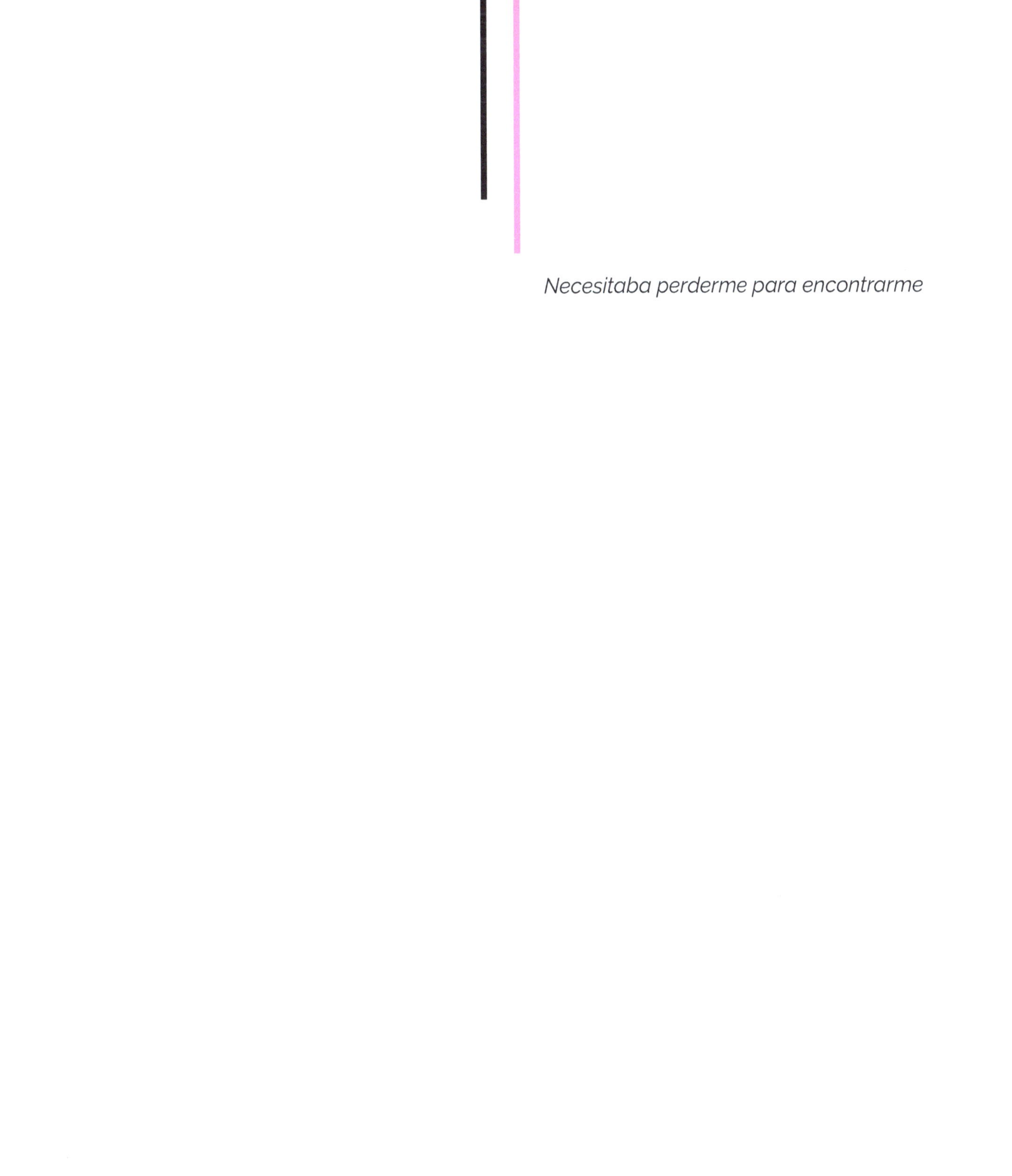

Necesitaba perderme para encontrarme

Índice

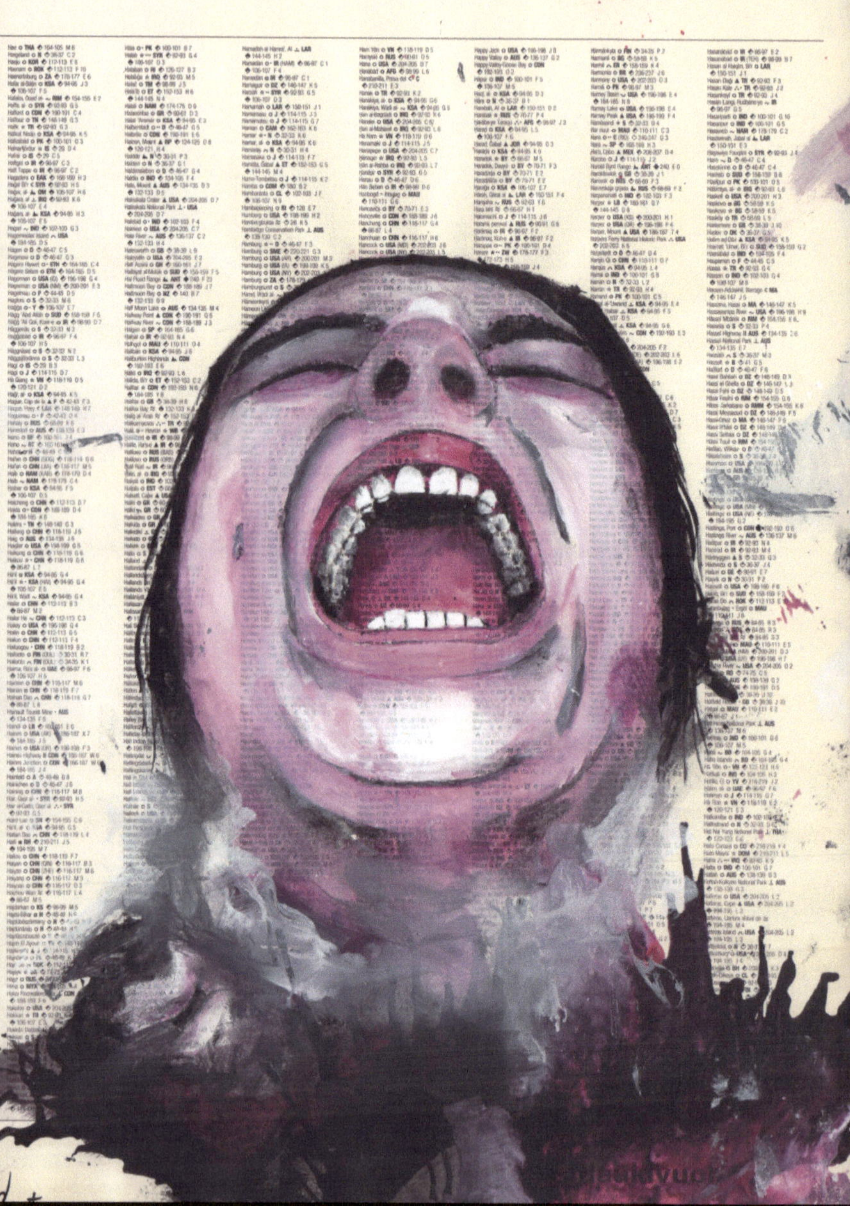

Liberación
encontrar libertad de límites,
restricciones o reglas

Nema dejó los colores y se apartó del papel para contemplar su creación desde la distancia.

Fue en ese momento cuando sintió algo en su interior que nunca antes había sentido: sintió una emoción.

Había estudiado en la escuela que las emociones son una fuerza incontrolable y que, cuando ganan poder, uno ya no es capaz de razonar.

Sabía muy bien lo peligroso que era ceder a las emociones, y cómo en el pasado esta plaga había provocado conflictos, guerras y una sociedad individualista y egoísta.

Sin embargo, Nema se sentía bien. Se sentía perfectamente lúcido, y sólo sentía un extraño calor en su interior. Como una fuerza, sí, pero suave y armoniosa.

Ni siquiera estaba seguro de que fuera una emoción, para ser sinceros, ya que nadie que él conociera la había experimentado nunca, y todo lo que sabía al respecto lo había aprendido en libros y documentales.

La última persona capaz de sentir emociones había muerto casi 30 años antes de que naciera Nema. Y desde que la mente humana había evolucionado para liberarse de las emociones, la vida en el planeta Tierra había cambiado drásticamente.

Sin más ira, codicia y envidia, la gente había dejado de luchar entre sí. Y sin más tristeza ni dificultades por superar, tampoco había más motivos para luchar por una vida mejor.

Así, cada persona se había convertido en un engranaje util por el bien común, y por eso desde su nacimiento todos tenían un camino predeterminado que seguirían hasta el final de sus días.

Todos llevaban una vida sencilla y práctica, y Nema no era una excepción.

Iba a la escuela por las mañanas para entrenar su lógica y razón, mientras que las tardes las pasaba con su padre Iruma, aprendiendo los fundamentos de lo que más tarde sería su trabajo.

Durante una tarde de su aprendizaje, Nema estaba ayudando a su padre a vaciar el desván de una vieja casa, que pronto demolerían.

Era un trabajo que hacía con gran interés, porque en aquellas viejas casas solía encontrar reliquias del pasado, que luego llevaba a la escuela y estudiaba con sus compañeros.

Por eso, cuando Nema encontró aquella extraña y colorida caja sabía que allí encontraría algo interesante; lo que no sabía era que el contenido de aquella caja cambiaría su vida para siempre.

Abriendo la caja con mucho esfuerzo, Nema se sorprendió al encontrar sólo un gran libro y tres extraños tubos de colores en su interior. Intrigado, empezó a hojear las páginas del libro.

En la primera parte del libro no encontró gran cosa, sólo una serie de mapas de carreteras similares a los que tenía en su teléfono.

Sin embargo, en la última parte, donde las páginas amarillentas estaban llenas de largas listas de nombres de ciudades, Nema encontró algo que nunca antes había visto.

En una de esas páginas gruesas y arrugadas estaba pintada la cara de una persona, en blanco, negro y magenta.

Realmente parecía una cara, sólo que no era ni una foto ni nada realista, con lo que no podía utilizarse como forma de identificación.

Confundido, Nema intentaba averiguar qué utilidad podía tener algo así, y si realmente era obra de un ser humano: le intrigaba que alguien pudiera tener tal habilidad.

Quería saber más, así que decidió mirar más de cerca los tres tubos de colores que encontró en la caja con el libro.

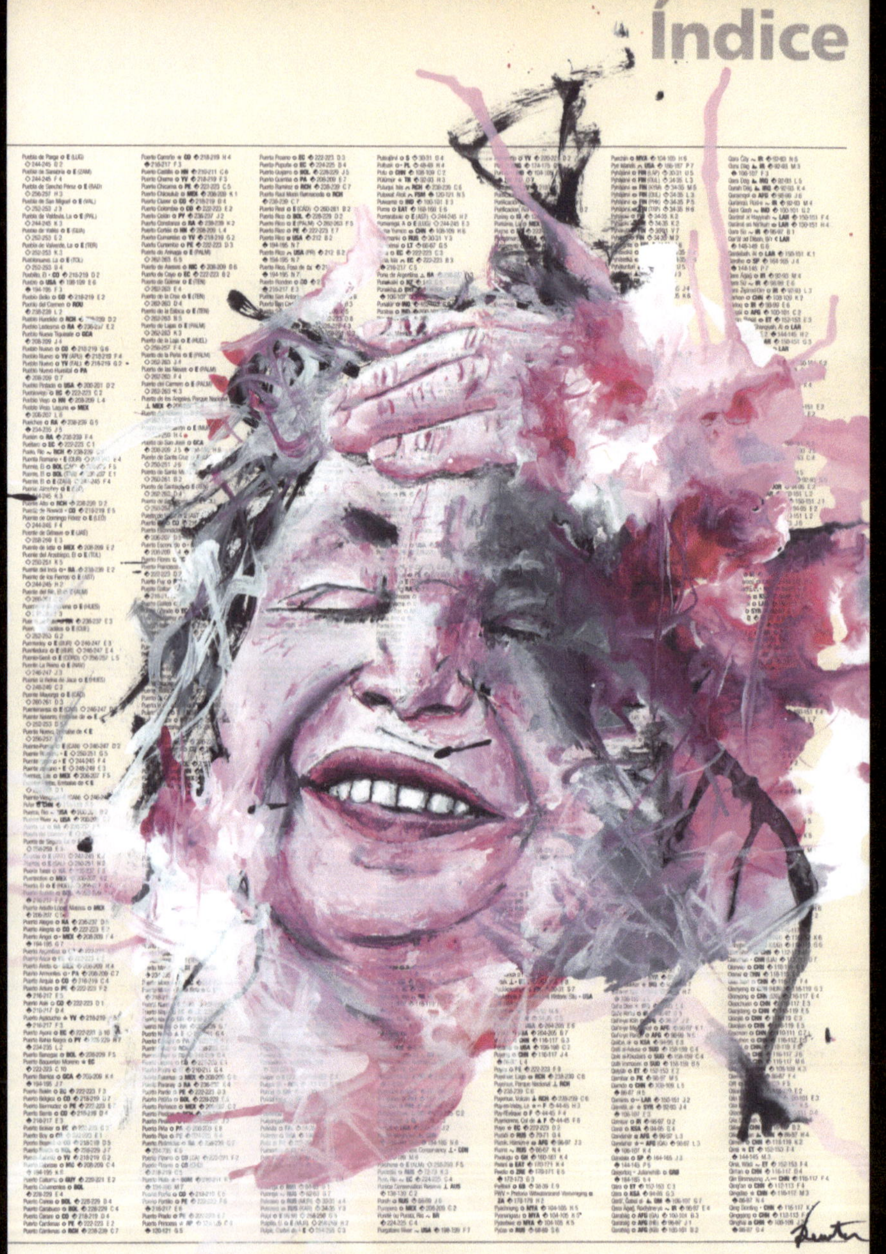

Júbilo
sentirse completamente
satisfechos y en paz

No tardó en darse cuenta de que en el interior de aquellos pequeños recipientes estaba el color utilizado para pintar la misteriosa cara.

Sabía que no debía haber ido más a fondo y que debía haberlo dado todo a su padre, las normas estaban claras; sin embargo, sintió un impulso totalmente irracional, algo nuevo, que le llevó a abrir los tubos y verter el color sobre sus manos.

Con el cálido sol primaveral iluminando sus manos manchadas de color, Nema permaneció inmóvil durante unos minutos, contemplando lo que a él le parecía una pequeña obra maestra.

Era como si el mundo hubiera callado de repente, y todo a su alrededor se hubiera vuelto negro, dejando que aquellas pequeñas manos coloreadas fueran el único destino posible para sus ojos.

Fue Iruma, que se había dado cuenta desde lejos de que algo anormal ocurría, quien devolvió bruscamente a Nema a la realidad, ordenándole que tirara todo inmediatamente y se lavara bien las manos.

Pocas veces Nema había cuestionado una orden de su padre, pero esta vez trató de oponerse, al no poder entender que daño podían hacer estos colores.

"Con los colores hacían algo llamado arte, una cosa muy peligrosa que afortunadamente ya no existe", dijo entonces Iruma, y continuó: "Los artistas eran personas sin lógica ni razón, que perdían el tiempo creando cosas inútiles. Decían que el arte les servía para sentir emociones fuertes... como si las emociones hubieran traído algo bueno". Luego lo cortó en seco: "Ahora tíralo todo y lávate las manos".

Nema asintió con la cabeza, recogió el libro y el resto de las cosas y se dirigió al contenedor para tirarlo.

Primero tiró la caja y luego hizo algo que no había hecho en su vida: desobedeció a su padre.

Arrancó el retrato del libro junto con otras páginas amarillentas y lo escondió todo bajo la camiseta.

Luego cogió los tubos de pintura y los enrolló en un trapo viejo, que guardó en la caja de herramientas, donde se quedaron hasta bien entrada la noche.

Esa noche, Nema se quedó despierto hasta tarde, esperando a que Iruma se durmiera. Luego bajó al taller de su padre para recuperar su botín y se puso manos a la obra.

Hizo un hueco en la mesa de trabajo, extendió uno de los viejos papeles que había guardado y vertió un poco de magenta sobre él. Luego empezó a extenderlo con las manos, con movimientos lentos y aleatorios.

No sabía exactamente lo que estaba haciendo, ni pensaba hacer nada en concreto, pero ver cómo el color se pegaba al papel y cómo se mezclaba con las palabras impresas en él le intrigaba y le empujaba a continuar.

Así que, tras el magenta, empezó a añadir primero blanco y luego negro, mezclando los tres colores y creando nuevas tonalidades, cuya forma y color apreciaba.

Al cabo de unos minutos se dio cuenta de que la hoja estaba ya completamente cubierta de color: Nema dejó entonces los colores y se alejó para ver su creación desde la distancia.

Fue en ese momento cuando sintió algo en su interior que nunca antes había sentido: sintió una emoción.

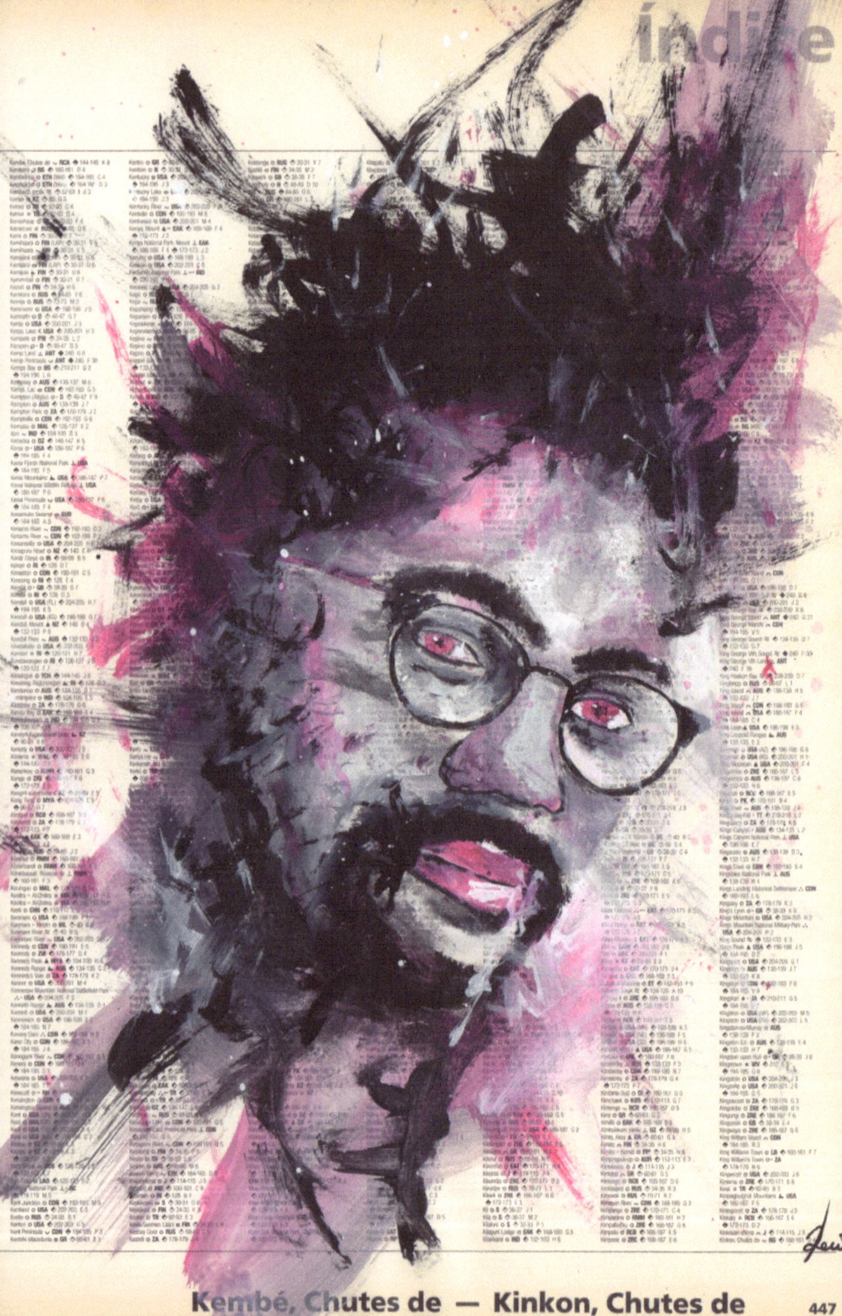

Desilusión
decepción al ver que algo
no es como pensabas

Sintió un calor nuevo y acogedor, una energía que le llenaba y le hacía sentirse bien.

Notó que se le humedecían los ojos y se dio cuenta de lo libre y ligero que se sentía.

Sintió su mente tan serena y relajada como cuando uno acaba de despertarse, y experimentó por primera vez el placer de estar sin pensamientos, completamente inmerso en el momento.

Pero la sensación le duró poco.

La mera duda de que estuviera haciendo algo mal fue suficiente para llenar su mente de pensamientos que se perseguían unos a otros rápidamente y caóticamente.

Empezó a pensar que estaba traicionando las enseñanzas de su padre y que nunca se lo perdonaría.

Entonces pensó en todo lo que había aprendido sobre las emociones y lo peligrosas que eran.

Notó que su corazón empezaba a latir cada vez más rápido y que su respiración se hacía cada vez más agitada.

Mirándose las manos de llenas de colores, empezó a temblar como si sufriera una fuerte convulsión.

Se desplomó sobre sus rodillas y, sujetándose la cabeza con las manos, rompió en un llanto histérico y nervioso, que duró sólo unos minutos, pero que le dejó exhausto.

Cuando terminó el llanto, Nema permaneció largo rato tendido en el suelo, como aturdido, pensando cómo había podido perder así el control.

Una vez recobrada la compostura, recordó las palabras de advertencia de su padre, que ahora le parecían más reales que nunca. Así que escondió el papel y los colores y volvió a su habitación, convencido de que había cometido un error que no volvería a repetir.

Durante los días siguientes, Nema retomó su rutina habitual, sumergiéndose totalmente en sus estudios y en su trabajo, queriendo dejar atrás rápidamente lo sucedido.

Sin embargo, por más que lo intentaba, sentía un fuerte deseo de volver a experimentar aquellas nuevas y fuertes sensaciones. Parecía que cuanto más reprimía ese deseo, más fuerte se hacía, contaminando sus pensamientos y distrayéndole constantemente.

Sin poder confiar en nadie ni de pedir ayuda, Nema se dio cuenta de que la única forma de detener ese deseo era complaciéndolo.

Así que decidió volver a pintar, pero con un enfoque más seguro y controlado. Haría pequeños experimentos con la pintura, deteniéndose en cuanto sentía la más mínima emoción. Luego anotaría todos los detalles de la experiencia en un diario, manteniendo un enfoque racional y científico.

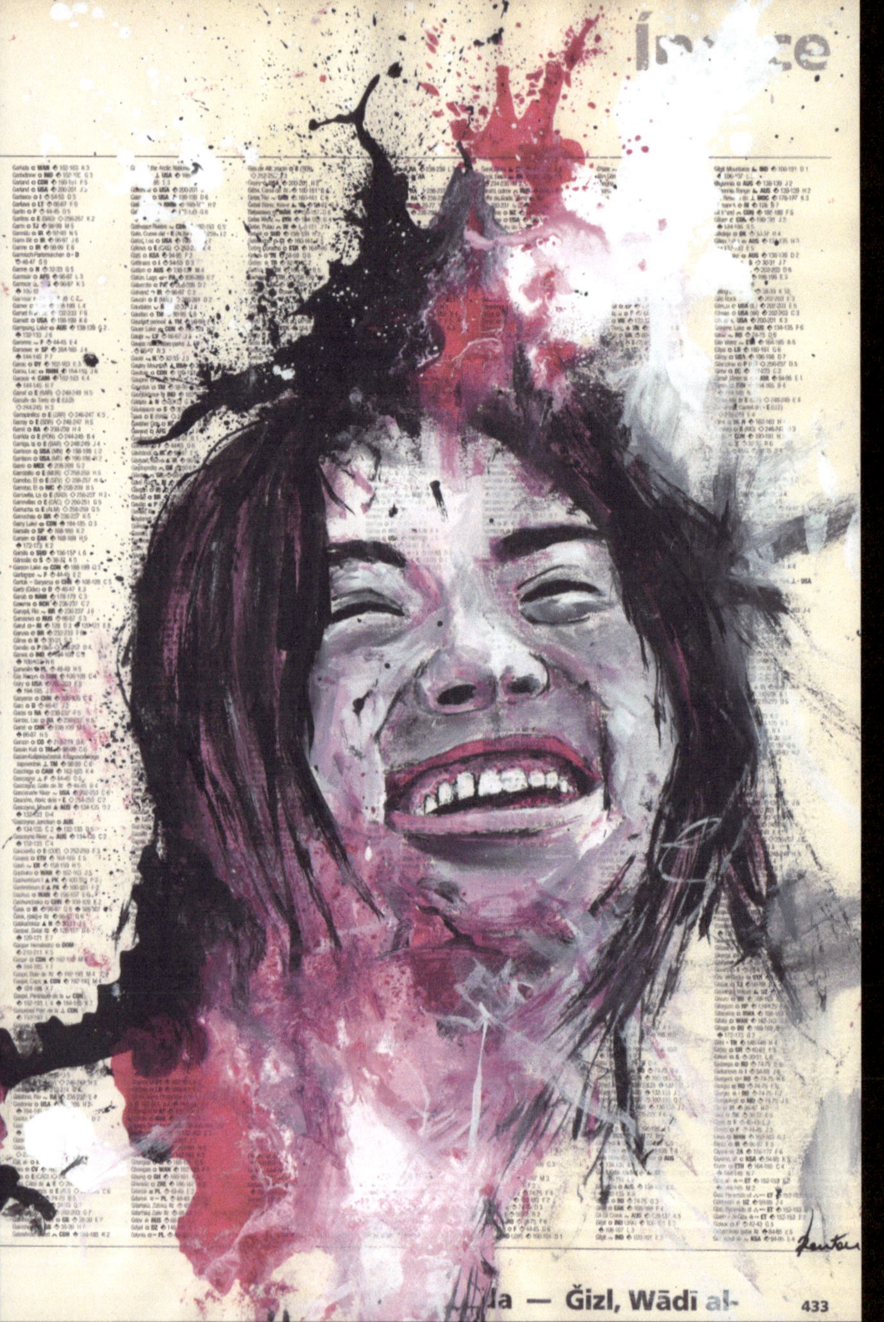

Alegría

sentir y expresar gran placer
y felicidad

Día 1

Hoy, mientras pintaba, he sentido como si algo dentro de mí se moviera literalmente. Era como si mi cuerpo estuviera formado por muchos pequeños engranajes y todos ellos se movieran perfectamente sincronizados, impulsados por una energía que provenía de lo más profundo de mi ser.

La mejor manera de describir esta sensación es imaginar a unos niños persiguiéndose en el parque. En realidad, los niños no corren para pillarse, corren porque se sienten libres y no pueden contener esa energía.

La misma energía que sentí esta tarde, perdido en la belleza del momento presente.

Nema

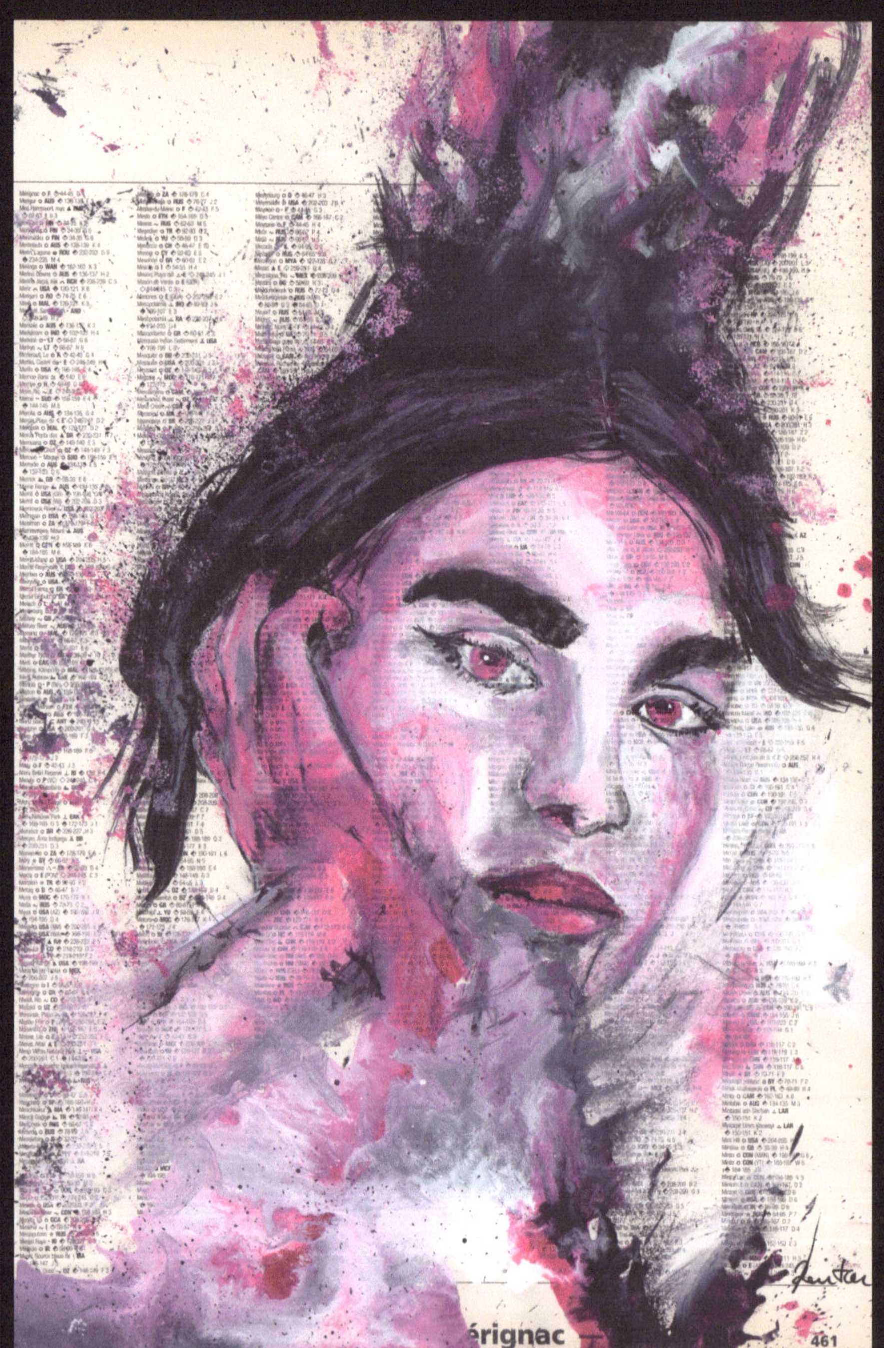

Contemplación
concentración profunda;
meditación

Después de pintar, Nema se sentía electrizado y le costó mucho dormirse, pero al día siguiente se despertó lleno de energía y ganas.

Durante el día se sentía extrañamente atraído por cosas en las que nunca se había fijado, como el gorjeo de un mirlo o los brillantes colores de las flores del jardín de la escuela.

Incluso el sonido del agua corriendo por el grifo le parecía especialmente armonioso.

Era como si sus sentidos se hubieran despertado y ahora le permitieran apreciar más lo que le rodeaba.

Esto fue una agradable sorpresa para Nema, que dedujo que era un efecto secundario de la experiencia de la noche anterior y, por tanto, lo anotó con detalle en su diario.

Hacia la noche se moría de ganas de volver a abrir los tubos de colores para degustar una vez más el sabor de la emoción.

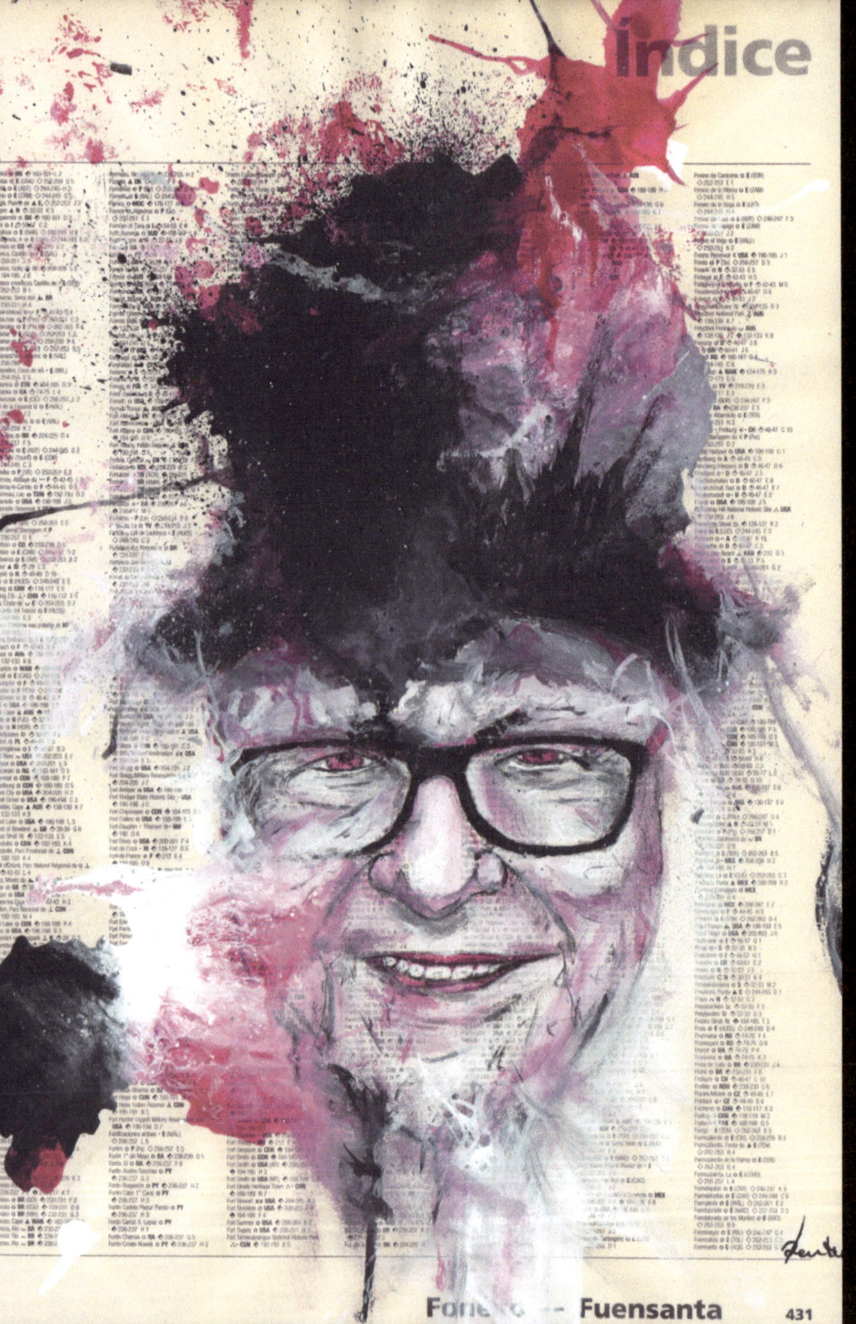

Contentamiento
sentirse en un estado de
felicidad pacífica

Día 2

Esta tarde decidí intentar pintar una cara, quería ver si podía hacerlo. Estaba tan concentrado que no sentí nada en todo el tiempo. Parecía que estaba estudiando en el colegio.

Pero cuando terminé y miré lo que había creado, sentí que me quedaba sin aliento. Fue una sensación increíble.

Como si pintar ese retrato hubiera encendido una parte de mí que ni siquiera sabía que existía, pero que ahora siento como la parte más viva y verdadera de mí.

No puedo esperar a mañana, no puedo esperar a descubrir cómo es vivir así.

Nema

A lo largo de los días siguientes, Nema siguió sintiendo un bienestar cada vez mayor y una creciente sensación de aprecio por las pequeñas cosas.

Notó cómo sus pensamientos también eran diferentes de lo habitual, a veces incluso totalmente irracionales y absurdos. Mirando las montañas a lo lejos, se imaginó cómo sería la vista desde allí arriba, y luego pensó en lo grande que era el mundo y en lo mucho que le gustaría viajar para descubrirlo. Como todos, él nunca había salido de la región donde vivía, pero hasta entonces nunca había pensado mucho en ello.

Pensando en estas cosas, Nema sonreía para sus adentros y soñaba, pero tampoco podía evitar darse cuenta de lo alejados que estaban esos sueños de la realidad que vivía cada día.

Se preguntaba si ese cambio de vida sería realmente posible, y aunque en el fondo no estaba tan convencido, lo deseaba con todas sus fuerzas.

Porque Nema se sentía vivo, tan vivo que se preguntaba si hasta entonces había vivido de verdad.

Se dio cuenta de que desde que había empezado a pintar y a explorar sus emociones, también había empezado a vivir su vida como una gran exploración, y que todo le parecía posible.

Sin embargo, pronto se dio cuenta de que esta exploración no siempre era tan agradable.

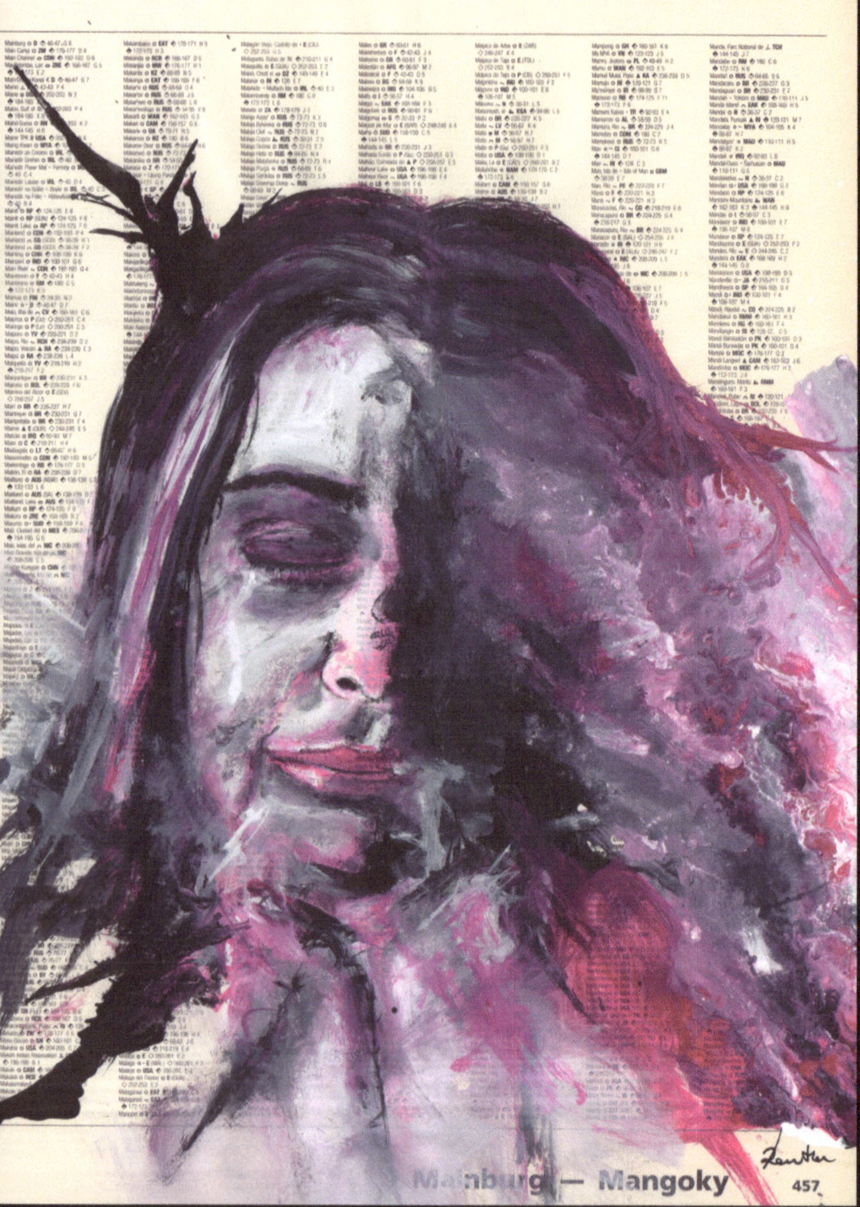

Abatimiento
sentirse tristes y deprimidos,
desanimados

Día 7

Hoy he pintado otra cara: una mujer con lágrimas en los ojos. No sé por qué, es como si sintiera la necesidad. Un poco como cuando tienes hambre: no te preguntas por qué, simplemente comes.

Así que me limité a pintar, sin darme cuenta de que yo también tenía lágrimas en los ojos. Sólo me di cuenta cuando cayeron sobre el papel y lo ensuciaron todo.

No sentí ningún dolor físico, pero sí algo extraño en la parte inferior del cuello: la imagen que me viene a la cabeza es la de un nudo. Realmente sentí como un nudo en la garganta.

Fue una experiencia extraña, que me dejó una sensación de vacío y soledad que no puedo explicar. Como si me faltara algo... ¿pero qué?

Nema

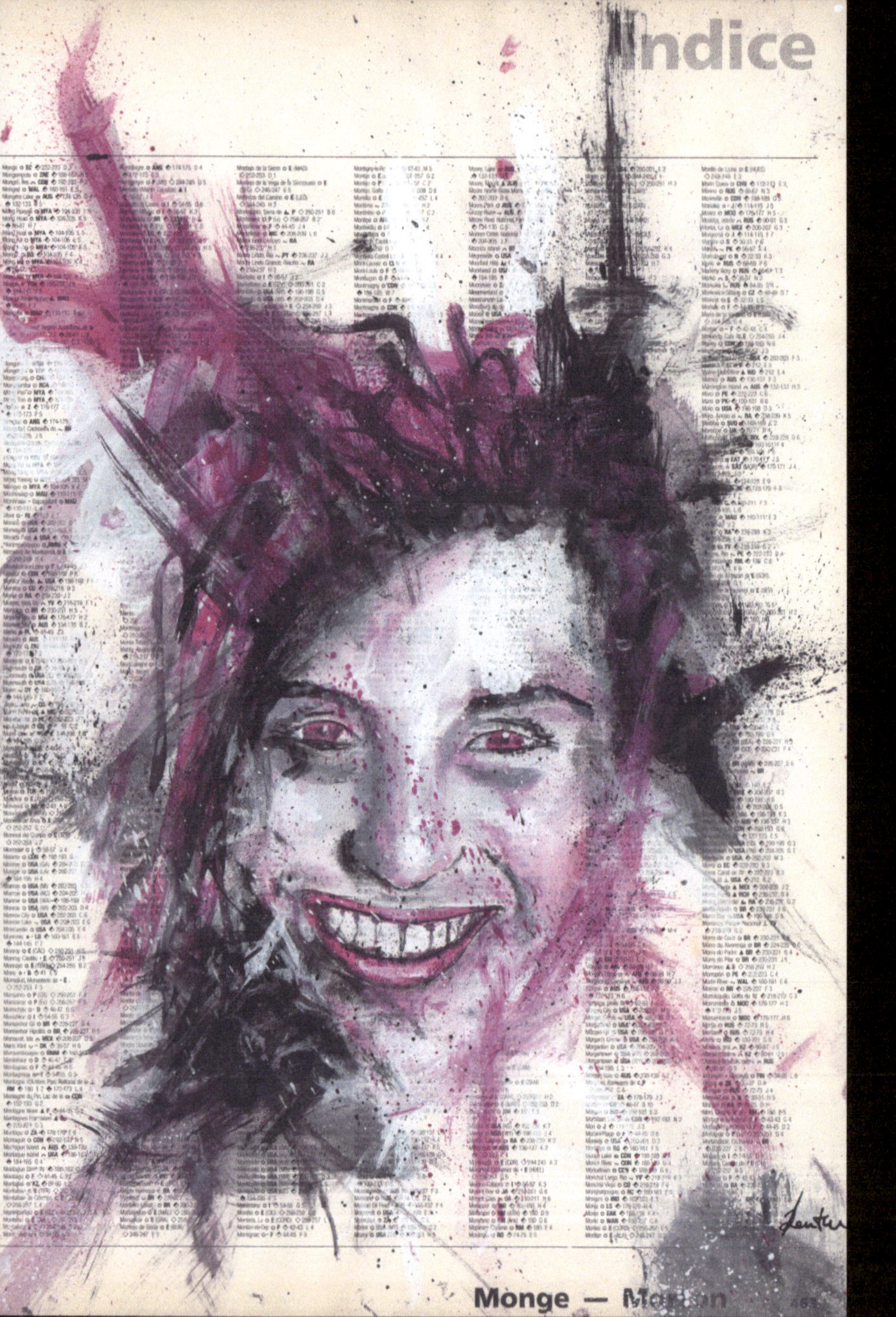

Melancolía

sentir o expresar una tristeza
profunda, reflexiva

Después de sentir esa extraña sensación de vacío mientras pintaba, Nema notó cómo esa sensación le acompañaba constantemente. No pasaba un momento sin que sintiera ese nudo en la garganta y la sensación de que le faltaba algo.

También notó que sus pensamientos se volvían más oscuros y negativos, y un creciente fastidio por lo que le parecía inútil o carente de interés, como algunas de las asignaturas del colegio o las cosas que tenía que hacer para su padre en el trabajo.

Convencido de que se trataba de sentimientos pasajeros, Nema se obligó a no prestarles demasiada atención y a centrarse en lo que había de nuevo e interesante en su vida.

Guiado por su curiosidad innata, ahora por fin libre para florecer, le resultó fácil perderse entre tantos estímulos nuevos y olvidar aquellos pensamientos más ásperos y espinosos.

Así, mientras notaba esa sensación de melancolía que persistía en el fondo como un ruido lejano, se había convencido a sí mismo de que había encontrado un buen equilibrio y de que su vida, tal como era, no estaba tan mal.

Sin embargo, no se daba cuenta de lo precario que era ese equilibrio.

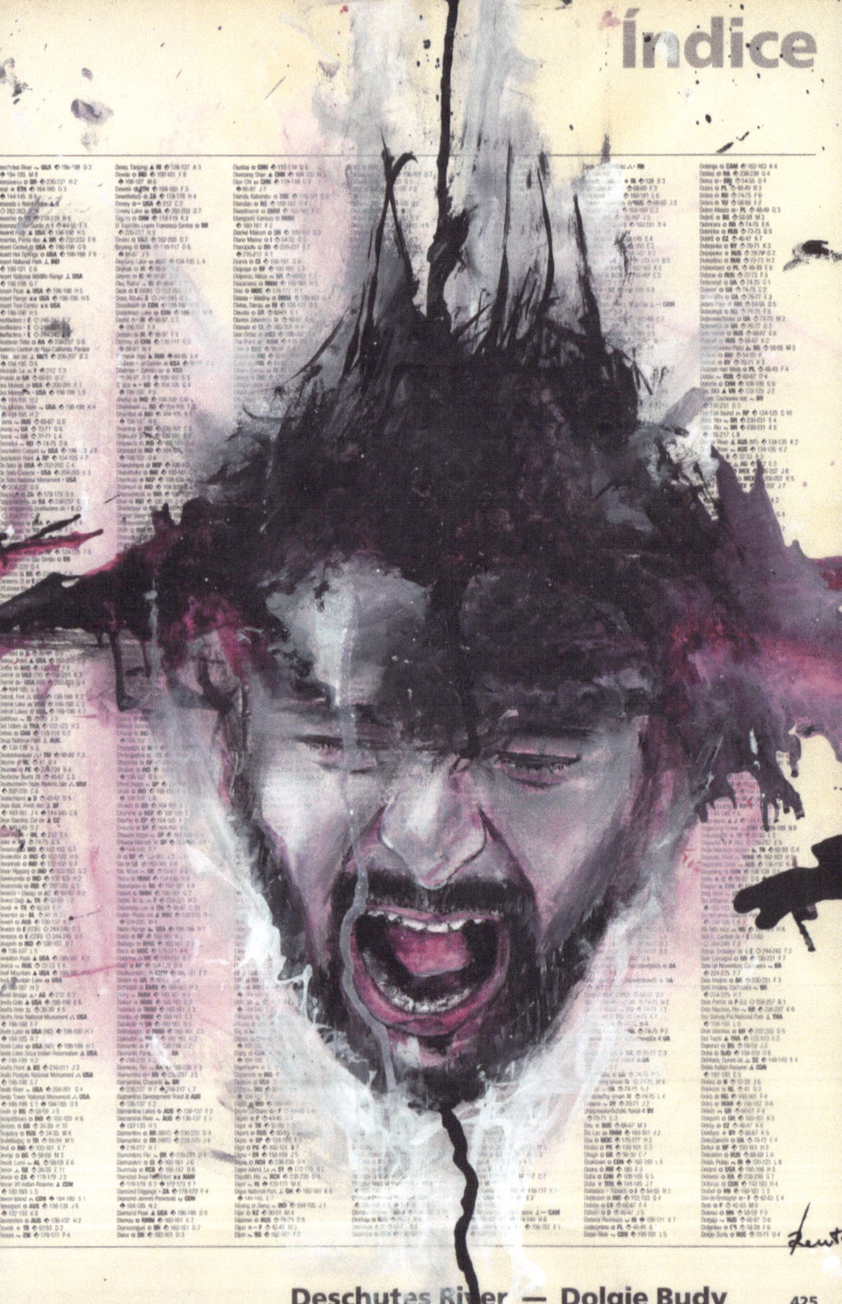

Enojo

sensación repentina y violenta
que lleva a gestos incontrolados

Día 9

Intentaré ser lo más racional posible, pero es difícil. Todavía me tiemblan las manos. Acabo de romper el retrato que había pintado, porque no quedaba lo bastante bien.

Era como si me hubiera convertido en un animal salvaje y mis músculos se movieran bajo un hechizo. Mi mente era consciente, pero se quedaba mirando sin poder hacer nada.

Pero así es como me siento siempre ahora: un espectador que ve cómo su vida se mueve sola, sin poder hacer nada para cambiarla.

Nema

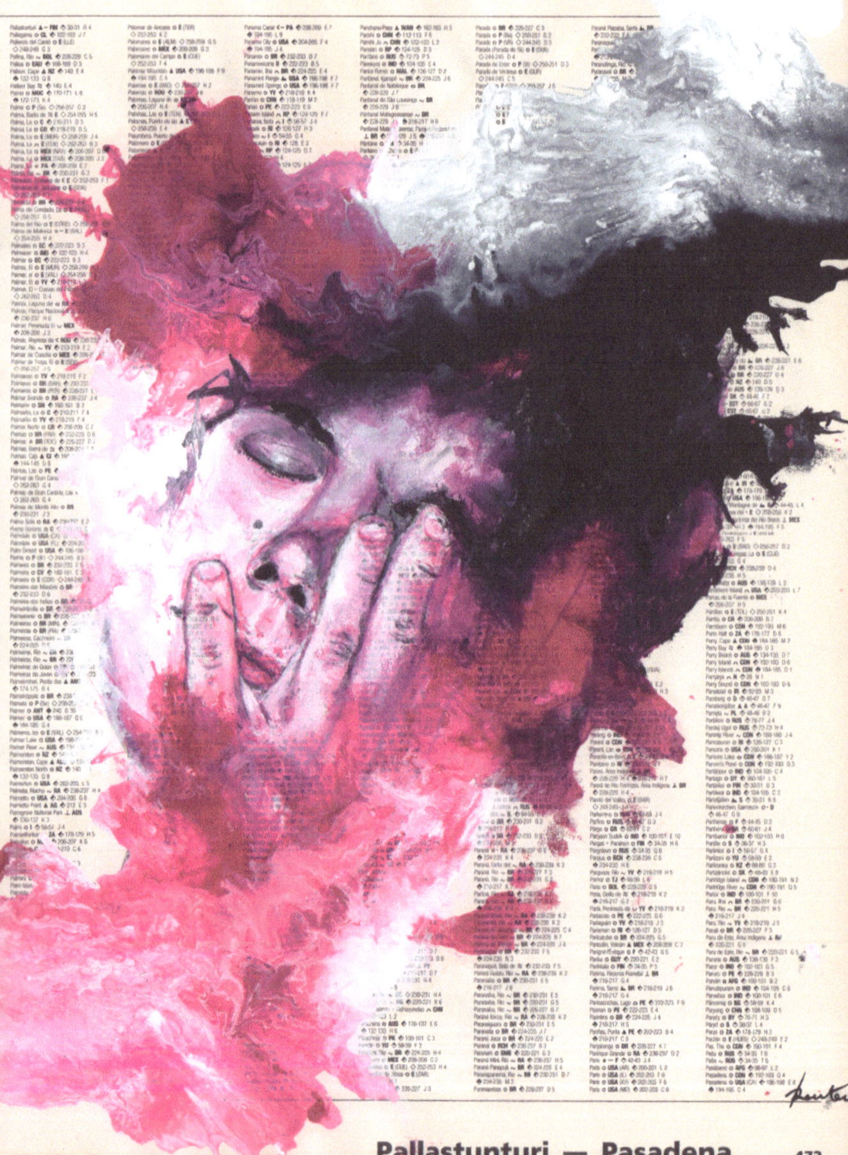

Dolor
experimentar aflicción o
malestar intenso

Día 11

Ahora entiendo cuál es el verdadero peligro de las emociones: alteran tu visión de la realidad.

Hacen que te canses de cosas que antes eran normales y que sientas asco por lo que antes hacías sin problemas.

Entonces te hacen creer en sueños sin esperanza y en cosas que sabes que nunca podrás llevar a cabo.

Y te hacen sentir tan solo, porque te das cuenta de que sólo tú vives estas batallas, que sólo tú ya no puedes permanecer dentro de los límites en los que vivías cómodamente hasta ayer.

Y lo peor de todo es que no puedes hacer nada al respecto, sólo puedes esperar que ya no sientas nada y que todo vuelva a ser como antes.

Quizás este experimento se esté volviendo demasiado peligroso, a lo mejor es el momento de parar.

Nema

Así como el arte había hecho que Nema se sintiera ligero y despreocupado, ahora le hacía sentirse preocupado e inquieto.

Cuanto más pintaba y experimentaba, más se daba cuenta de cómo las emociones invadían sus días, con una intensidad a veces difícil de soportar.

No había día en que no pensara en poner fin al experimento, racionalmente habría sido la opción más obvia. Sin embargo, Nema sentía la necesidad de continuar, sentía que a pesar de todas esas emociones, tan fuertes y despiadadas, estaban ahí por alguna razón.

Gracias a esas emociones, se había dado cuenta de que muchas de las cosas que hacía nunca le gustaban ni le parecían especialmente interesantes, pero siempre las hacía de todos modos, simplemente porque se lo ordenaban.

Nema sabía que sin emociones nunca se plantearía que podía vivir de otra manera. Que, tal vez, podría estudiar cosas diferentes, tener objetivos distintos para su vida y elegir según sus propios gustos.

Sabía que todo eso racionalmente no tenía sentido y que quizás nada de lo que soñaba podría llegar a realizarse, pero las emociones le habían abierto los ojos y sabía que ya no podía volver atrás. Ya no quería volver atrás.

Así que el arte seguía siendo un valioso aliado para Nema, un amigo sincero con el que podía desahogarse sin miedo a ser juzgado y sin tener que ocultar nada. Un medio para poner en orden lo que sentía, para dar sentido a esos pensamientos que, de otro modo, serían tan locos e irracionales.

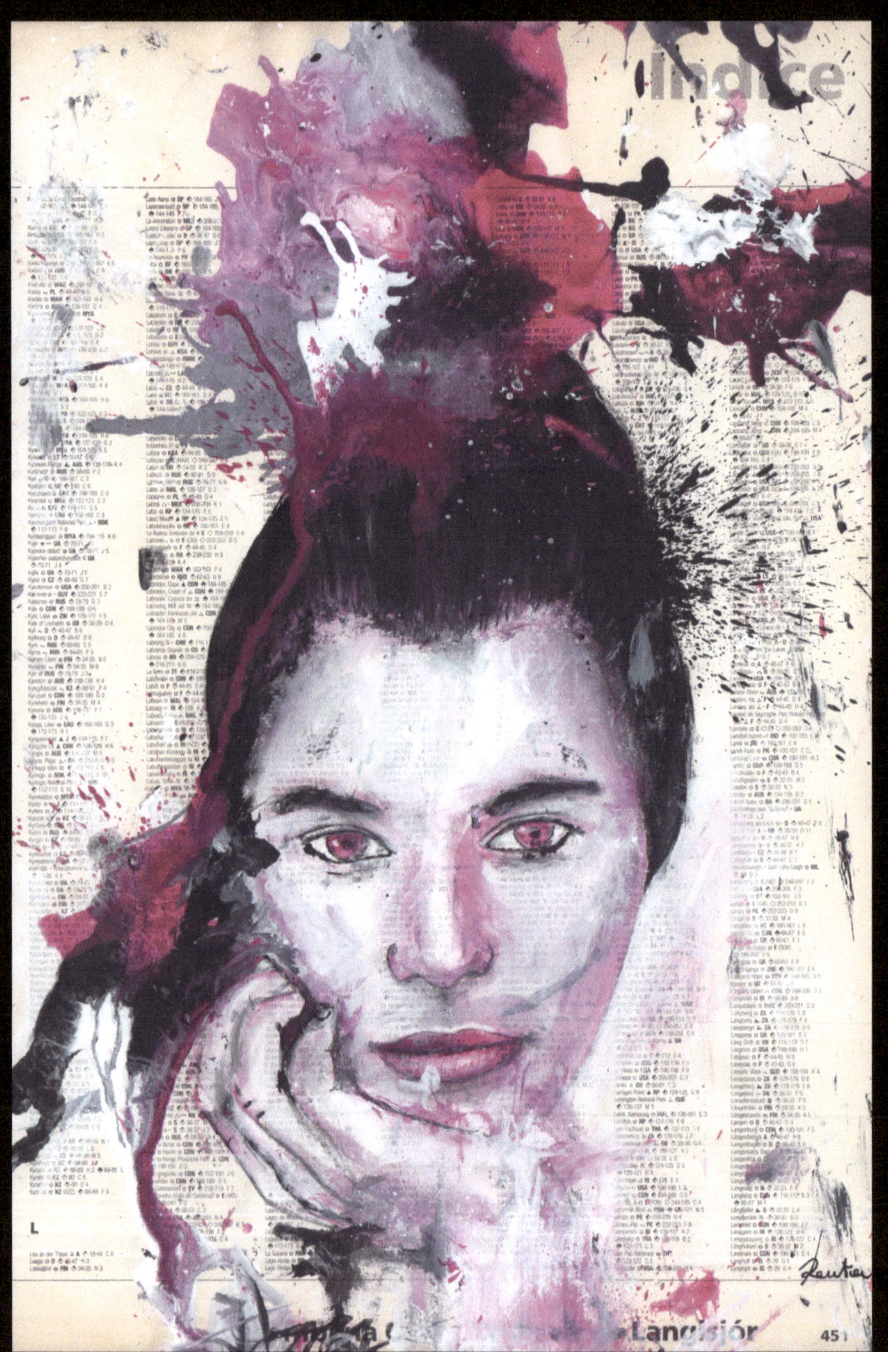

Desolación
sentir profundamente
la falta de algo

Día 13

Hoy me he dado cuenta de lo vacía que está mi vida. Y lo vacío que estoy: como si mi cuerpo fuera un traje fino y elegante, bajo el cual, no hay nada. Es una sensación que arrastro desde hace días, pero que no conseguía procesar.

Pero esta noche, mientras pintaba, todo se ha aclarado. Estos momentos secretos de emociones y colores son lo único que realmente me pertenece, pero en el resto de mi vida no hay nada mío. Todo lo que hago, todo lo que vivo, no es realmente mío, nunca lo he elegido, no lo siento como parte de mí. Entonces me pregunto si también hay algo dentro de mí que sea realmente mío, o si soy simplemente un frasco vacío lleno de ideas ajenas.

Y si estos pensamientos duelen, no poder compartirlos con nadie duele aún más.

Sin embargo, siento que no quiero volver atrás. Siento que quiero luchar por una vida diferente, más afín a mí.

Y el arte me da esperanza, me da fuerzas para continuar.

Nema

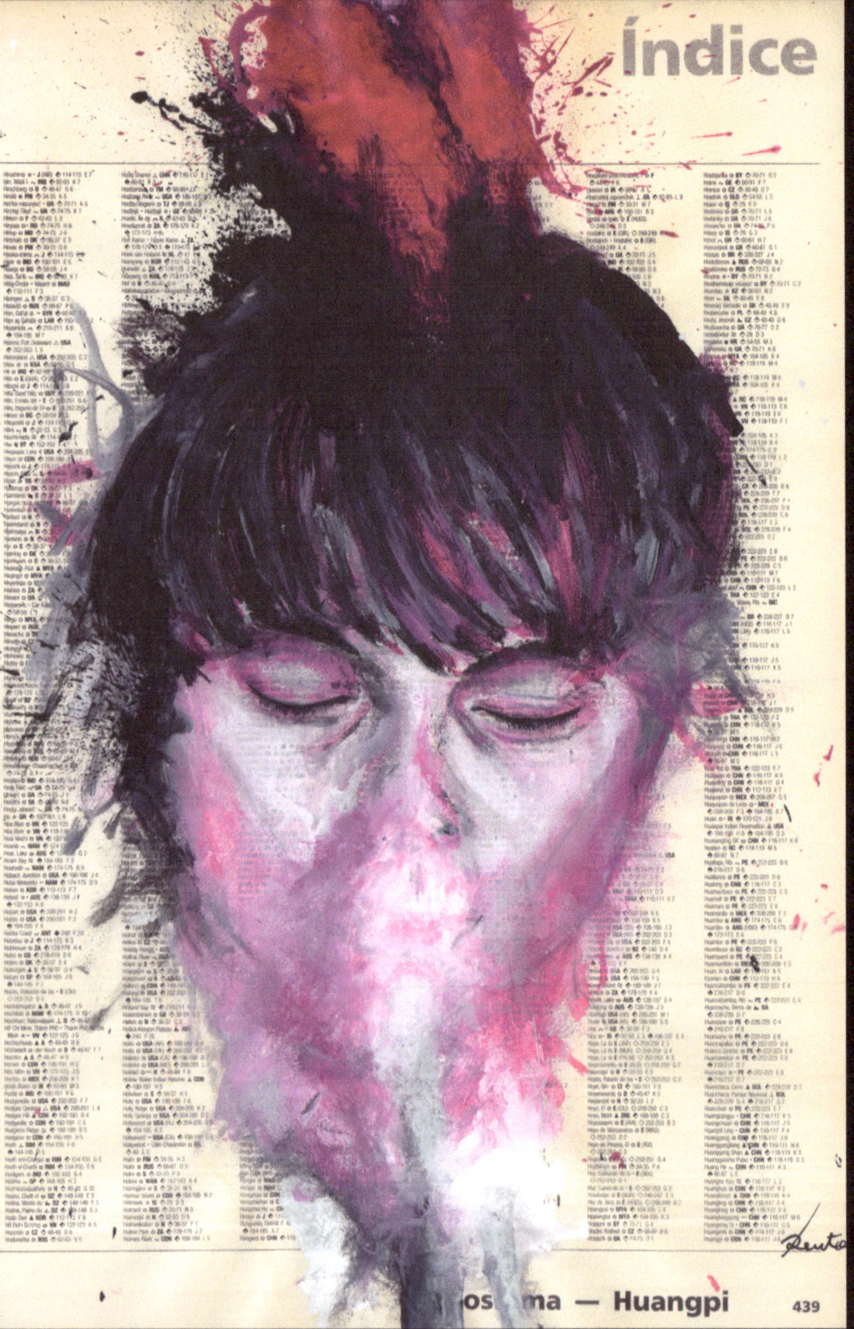

Desorientación

sentirse molesto, desorientado o
perplejo; sin palabras

Cuanto más pasaba Nema las noches pintando, más crecía en él la esperanza de poder cambiar realmente el curso de su vida. Aún no sabía cómo escaparía de un mundo tan frío y sin sueños, ni si podría llevarse a alguien con él, pero había adivinado el camino. Se dio cuenta de cómo el dolor le llevaba a tener que elegir, y de cómo poder elegir le hacía cada día más libre y más fuerte.

Empezó a vivir esta dualidad sin quierer escapar, sino desahogarse en sus cuadros, que empezaron a reflejar estos sentimientos cada vez más intensos. El arte ya no era un momento en el que buscar placer, ya no era algo que hacía para emocionarse, sino un espacio libre de ataduras e inhibiciones, en el que ya no necesitaba controlarse y podía dejarse llevar por completo.

Eran momentos de libertad y dolor, de vida y muerte, de fuerza explosiva y paz silenciosa. Momentos estremecedores que Nema vivía en profundidad y luego capturaba y representaba con el color, dejando huellas indelebles en los rostros de sus cuadros.

El arte le había abierto la puerta a una nueva realidad, y Nema sabía que ahora dependía de él encontrar el valor para cruzar ese umbral.

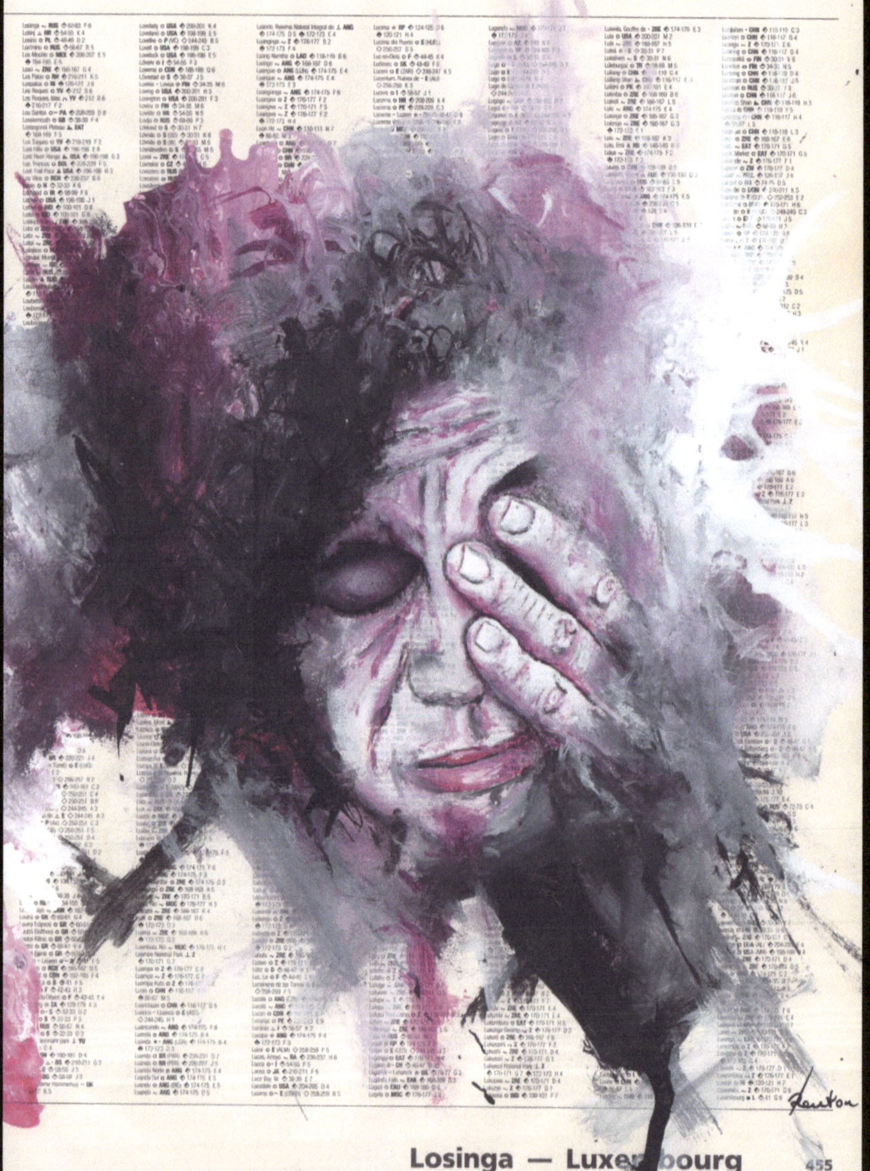

Aflicción
sentirse desesperados por algo;
abatidos

Día 15

A veces la vida parece un gran juego en el que ya sabes que al final vas a perder.

A menudo me pregunto qué sentido tiene seguir adelante.

¿Qué sentido tiene soñar cuando ya sabes que mañana te despertarás?

Aun así, no puedo dejar de creer en un final diferente.

Me siento como entre dos mundos, uno que quiero dejar para siempre y otro que estoy deseando abrazar.

Sé que estoy cerca, que sólo queda un paso, pero no sé si podré hacerlo solo. Me gustaría poder contárselo todo a papá, pero sé que no lo entendería. Pero solo no es fácil.

Nema

Iruma llevaba unos días vigilando a Nema, porque su comportamiento le parecía extraño.

A veces parecía tan vivo, otras lo veía tan cansado y abatido, como si casi le doliera algo.

Incluso había intentado preguntarle si estaba herido o no se encontraba bien, pero los apresurados "no" de su hijo no le habían convencido en absoluto.

Sospechoso, una mañana mientras Nema estaba en el colegio, Iruma entró en su habitación, buscando pistas sobre su extraño comportamiento.

Así fue como bajo el colchón, escondido entre las tablas de la cama, encontró un pequeño cuaderno en cuya primera página se leía "Emociones: un experimento científico".

A la salida del colegio, Nema encontró a su padre esperándole.

No era habitual, así que supuso que algo iba mal, pero se esforzó por mantener una actitud fría y distante, como si él tampoco sintiera ninguna emoción.

Iruma por su parte no dijo nada, sólo le indicó que subiera al coche. Esperó a que el chico se abrochara el cinturón de seguridad y partió rápidamente.

Durante los 45 minutos que duró el viaje, ninguno de los dos dijo una palabra, hasta que Iruma detuvo el coche.

Estaban en campo abierto, frente a una vieja casa que parecía abandonada desde hacía años.

Nema no recordaba haber estado nunca allí, y aunque sentía curiosidad por su paradero, prefirió guardar silencio.

Iruma fue el primero en hablar.

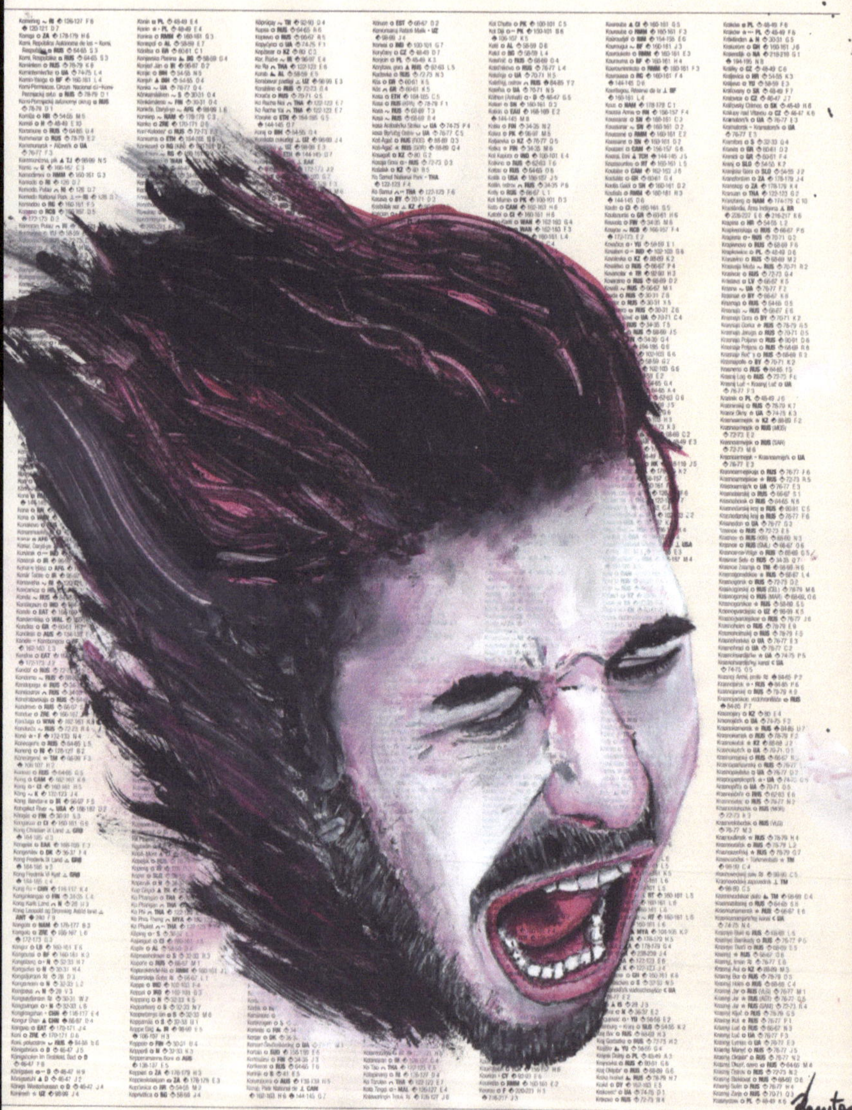

Irritación

sentirse molesto, impaciente o enojado

"Nema, sé que algo va mal", dijo con voz tranquila pero firme, "Y yo tengo la culpa. Debería haberme fijado antes en lo que estabas haciendo. Debería haber tenido más cuidado cuando encontraste esa caja llena de colores".

Iruma sacó de su bolsillo el diario de los experimentos de Nema, mostrándoselo al chico "Debería haber tenido más cuidado, porque sabía que el arte estaba en tu sangre y que vendría a buscarte. Tu abuelo era artista y...".

Iruma no tuvo tiempo de continuar, Nema le interrumpió bruscamente: "El arte no vino a buscarme, fui yo quien lo eligió. Quizá lo único que realmente he podido elegir. Es lo único mío que tengo. ¿Has leído el diario? ¿Has leído lo mucho que el arte hace por mí? ¿Lo importante que es para mí?"

"Leí la primera página y me bastó para comprender cómo son las cosas", reanudó Iruma. "Sé exactamente lo que te está pasando, pero aún estás a tiempo de salir de ello. Deja que te ayude".

"¿Ayudarme? ¿Cómo? No sabes nada de mí. No sabes lo que siento, lo que vivo cada día", dijo Nema con voz cada vez más agitada. "No sabes lo que es sufrir, ni siquiera lo que es sentir que tu corazón late deprisa cuando haces algo que sientes tan tuyo como parte de tu cuerpo. Esto es el arte para mí: soy yo. Si por ayuda te refieres a quitarme el arte, ¡no quiero tu ayuda!".

"No lo entiendes Nema, el arte es peligroso. Ahora, por favor, escúchame", intentó explicar Iruma, acercándose al chico.

Sintiendo que se enfrentaba a una pared, Nema se puso furioso. Dio un paso atrás y gritó con todas sus fuerzas.

Fue un grito profundo, de esos que hacen vibrar el pecho de la gente de alrededor. Un grito lleno de rabia y dolor.

Iruma se detuvo, percibiendo la gravedad de la situación.

Sin dejar de gritar, Nema se volvió hacia su padre: "¡Eres tú quien no entiende! No sabes nada de arte. Nunca has sentido una emoción, ¿qué sabes tú? Vas con el piloto automático, vives una vida vacía y monótona. Sólo estás aquí para sobrevivir. Pero yo no soy tú. No quiero vivir así".

Al escuchar aquellas palabras llenas de odio y resentimiento, Iruma sintió una extraña sensación en su interior. Sintió que su cuerpo se ponía rígido y que su corazón empezaba a latir más deprisa. No entendía muy bien lo que le estaba pasando, pero no tuvo tiempo de procesarlo. Con un ímpetu que no pudo detener, empezó a gritar a su vez: "¡No! ¡Tú no sabes nada! Tu abuelo era artista y el arte le arruinó la vida. Y la mía. Mira esta casa que se cae a pedazos: aquí es donde murió, solo como un perro. Abandonado por todos, porque estaba tan apegado a su arte y a sus emociones que los prefería a mí. Tu padre puede ser soso y aburrido, pero al menos no te abandonó para seguir algo que no tiene sentido. ¿Quieres ser artista? Pues mira bien esta casa, porque aquí es donde pasarás el resto de tu vida".

Tras terminar de hablar, Iruma se apresuró a volver al coche, casi como si quisiera esconderse. Se miró reflejado en el espejo retrovisor y apenas se reconoció. Tenía la cara roja y los ojos brillantes, el corazón le seguía latiendo deprisa y su cabeza estaba invadida por pensamientos que se perseguían sin descanso. Cómo podía haber reaccionado así, se preguntó. ¿Cómo podría ayudar a su hijo, si él mismo había caído en la trampa de las emociones?

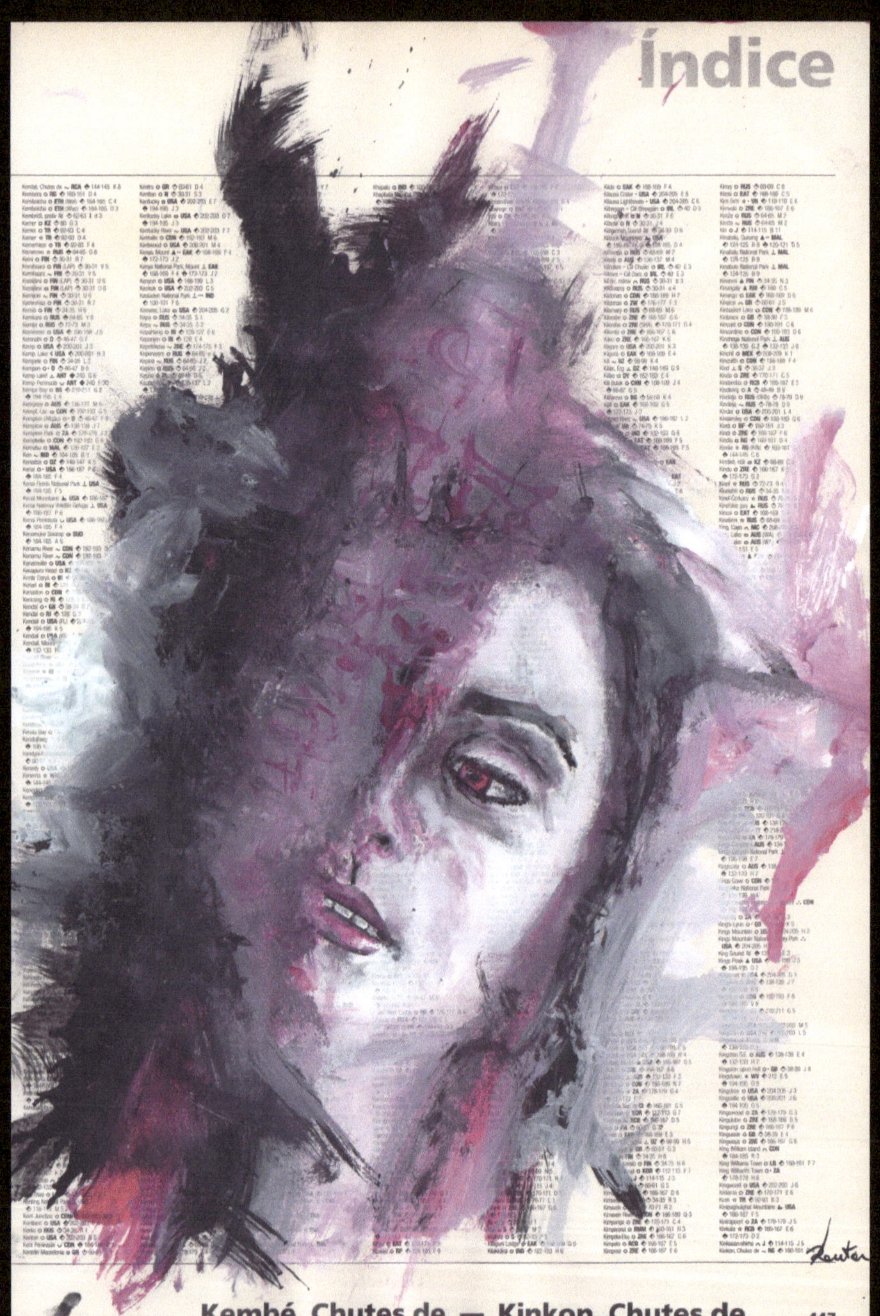

Apatía
no sentir ni mostrar
ningún interés o entusiasmo

Entonces miró a Nema, que había permanecido fuera del coche visiblemente conmocionado, y recobró el sentido.

Se dio cuenta de que lo ocurrido era una prueba del peligro de las emociones, y que tendría que proteger a su hijo a toda costa. Y para ello debía alejarlo del arte, no había otra solución.

Aquella noche Nema se fue a la cama sin cenar y, por primera vez en días, sin pintar.

Con la cabeza bajo las sábanas, sollozando y llorando, cogió una pequeña hoja de papel y escribió la última página de su diario científico.

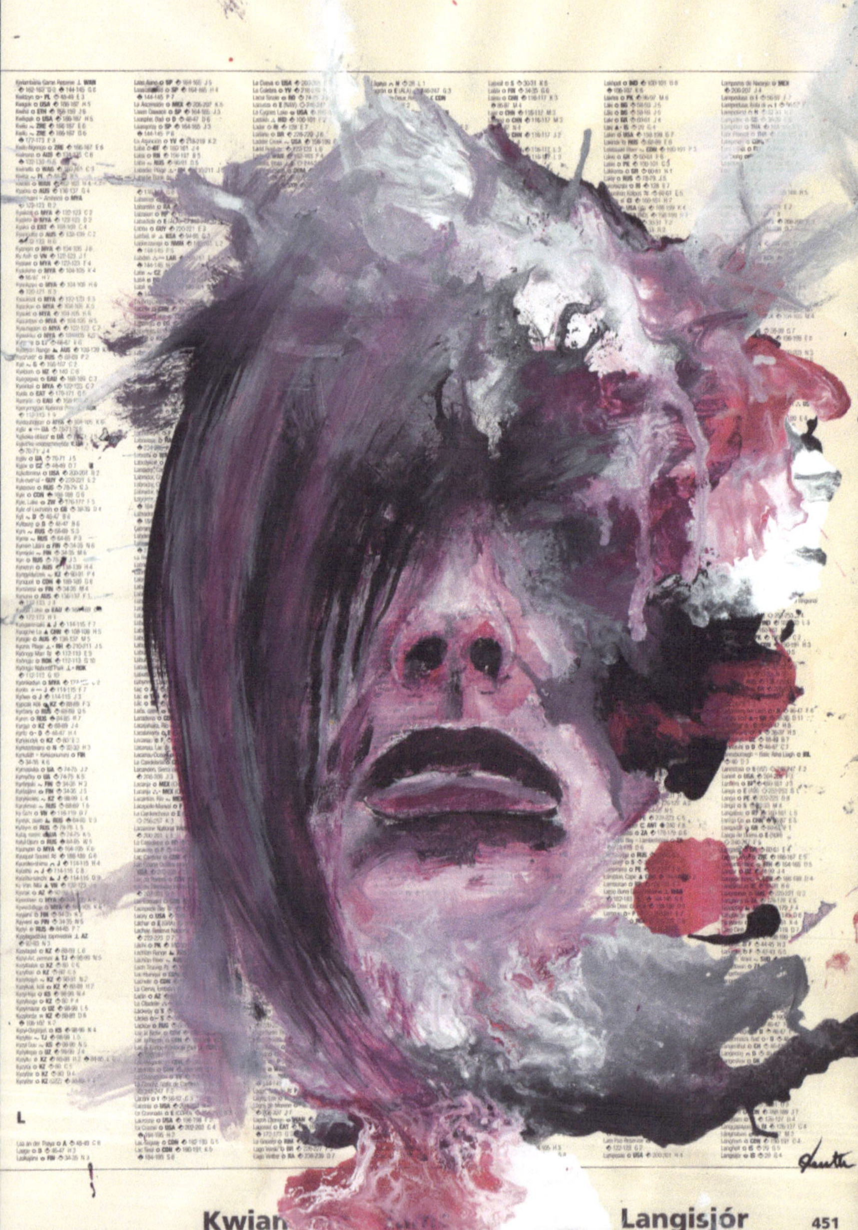

Soledad

sentirse solo
o aislado

Día 17

Me siento muy solo.

Sentir emociones me ha acercado a mí mismo, pero me ha distanciado de los demás.

Siento que mi corazón está partido por la mitad. ¿Y cómo puede uno elegir sólo una mitad de su corazón?

Ojalá pudiera volver atrás y no volver a sentir nada. Ojalá ya no tuviera que sufrir tanto. Ojalá alguien me dijera que todo va a estar bien.

Nema

Durante los días siguientes, la casa permaneció silenciosa y sombría. Nema e Iruma se evitaban, y cuando se cruzaban, ambos volvían la cara.

Si no estuviera seguro de que su padre no sentía emociones, Nema habría jurado verle sufrir.

Igual que él: sentirse tan solo era como una tortura lenta y constante, una astilla en el cerebro que nunca le daba paz. Le habría gustado gritar todo su dolor al mundo, y encontrar consuelo en los abrazos de manos amigas. Hubiera deseado tener un cómplice en quien confiar, una cara amiga que pudiera comprenderle de verdad. Hubiera deseado poder decirle a su padre cómo se sentía realmente, y que le cogieran de la mano y volver a sentirse seguro.

En lugar de eso, estaba solo. Solo con su dolor. Solo con su diferente visión de la vida. Solo con sus emociones, que ya no podía guardar, pero que tenía que seguir reprimiendo.

En casa se sentía ahora como un prisionero a la espera de conocer su veredicto, mientras que la escuela le asfixiaba como una camisa demasiado ajustada.

Así que, cuando no estaba escondido en el baño llorando, buscaba una salida dibujando retratos en los espacios en blanco de sus libros de texto: era el único punto de apoyo que le quedaba.

Le habría gustado volverse invisible o desaparecer para siempre. Pero pronto se encontró en el punto de mira.

Sus dibujos no habían pasado desapercibidos para sus compañeros, que decidieron informar de todo a los profesores, que a su vez informaron al director.

Fue el propio director quien tomó cartas en el asunto, queriendo cortar de raíz un comportamiento inadecuado que podía llegar a ser contagioso. Decidió que tenía que dar una advertencia para que todo el mundo entendiera que no debían ni acercarse al arte, porque era portador de emociones y, por tanto, muy peligroso.

Así que, fingiendo entrar en la clase de Nema para dar un aviso, puso en marcha su plan.

Comenzó a caminar alrededor de los pupitres, entre las miradas silenciosas de los chicos.

Al llegar al pupitre de Nema, el director se detuvo.

Miró al chico durante unos segundos, luego cogió el libro que tenía sobre la mesa y empezó a hojearlo.

Pasó las páginas rápidamente, asegurándose de no saltarse ninguna. Sabía exactamente lo que buscaba, y que pronto lo encontraría.

Nema lo miraba en silencio, pero sus manos tensas y su respiración corta e intensa delataban un nerviosismo creciente.

Finalmente, tras unos interminables minutos, el director encontró lo que buscaba.

Levantó el libro para que todos lo vieran y, mostrando uno de los retratos de Nema, dijo: "Mirad esto: ¡Nema se cree un artista! Y dinos, Nema, ¿adónde crees que te llevará esta enfermedad?".

Nema permaneció en silencio. Mantenía la cabeza alta y sus ojos furiosos fijos en el director, pero por dentro sentía que su corazón se desmoronaba y sangraba. Sentía su estómago retorciéndose y su cabeza como una batidora de pensamientos persiguiéndose sin descanso. Sentía rabia por las palabras del director y miedo por las consecuencias de haber sido descubierto, y se sentía terriblemente expuesto, tan desnudo y solo delante de todos.

Sin esperar respuesta, el director continuó: "El arte no te llevará a ninguna parte, Nema. De hecho, peor. Escuchad bien todos".

El director siguió hablando durante varios minutos, pero la cabeza de Nema estaba ahora en otra parte. El dolor se había hecho tan fuerte que su mente había optado por llevárselo lejos, mostrándole recuerdos de cuando jugaba en el parque con su padre de pequeño.

Fue el sonido de la página que el director arrancó de su libro lo que le devolvió al presente.

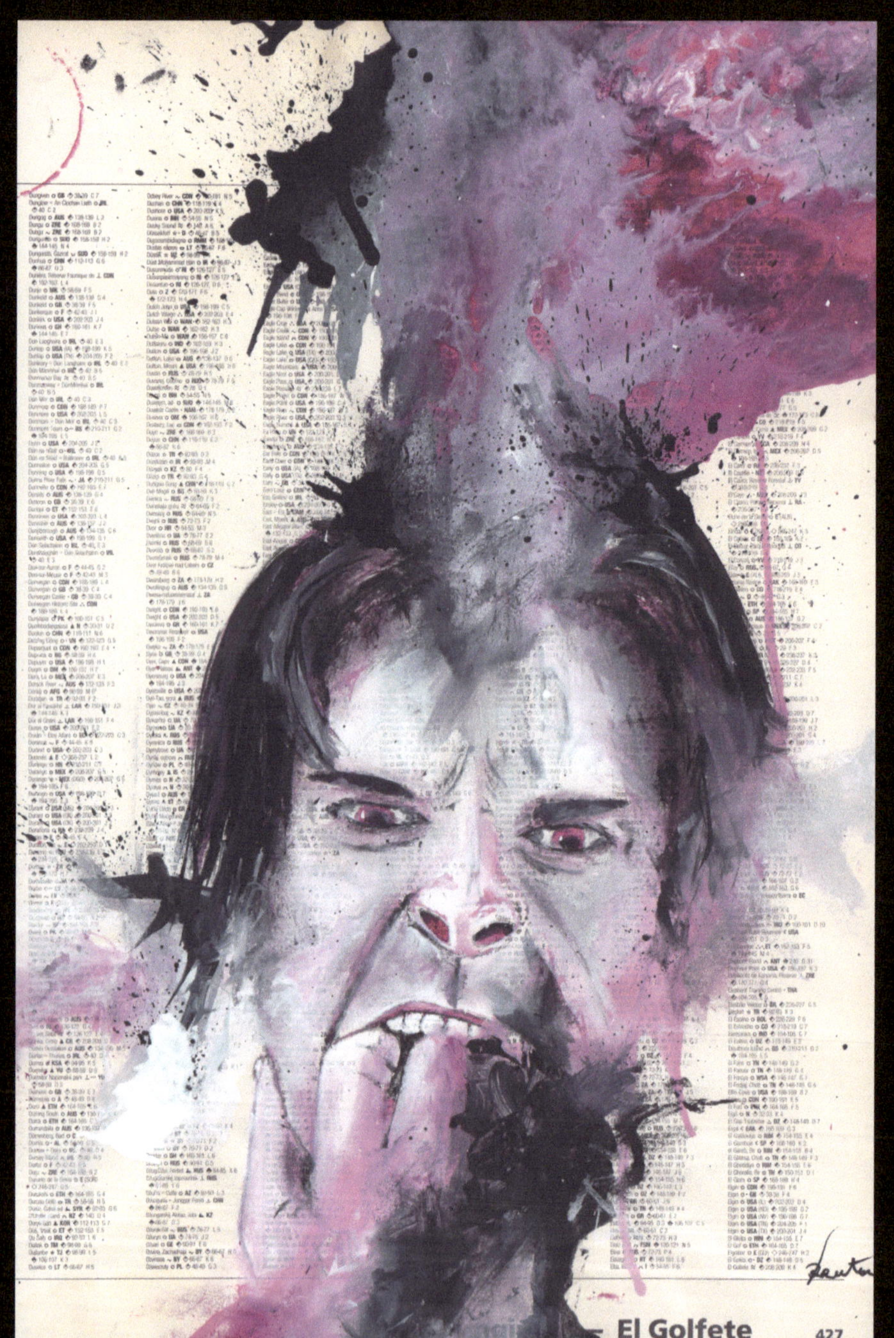

Furia

sentir o mostrar una fuerte
agitación o malestar

"Y, de todos modos, tú no habrías sido un gran artista", dijo el director, haciendo trizas el dibujo, "Esto no es tan bueno".

De la mezcla de emociones que estaba sintiendo, fue la ira la que se apoderó de Nema.

Se levantó bruscamente, derribando el pupitre y apartando al director, que se había colocado frente a él.

Luego salió corriendo del aula, dando un portazo tras de sí.

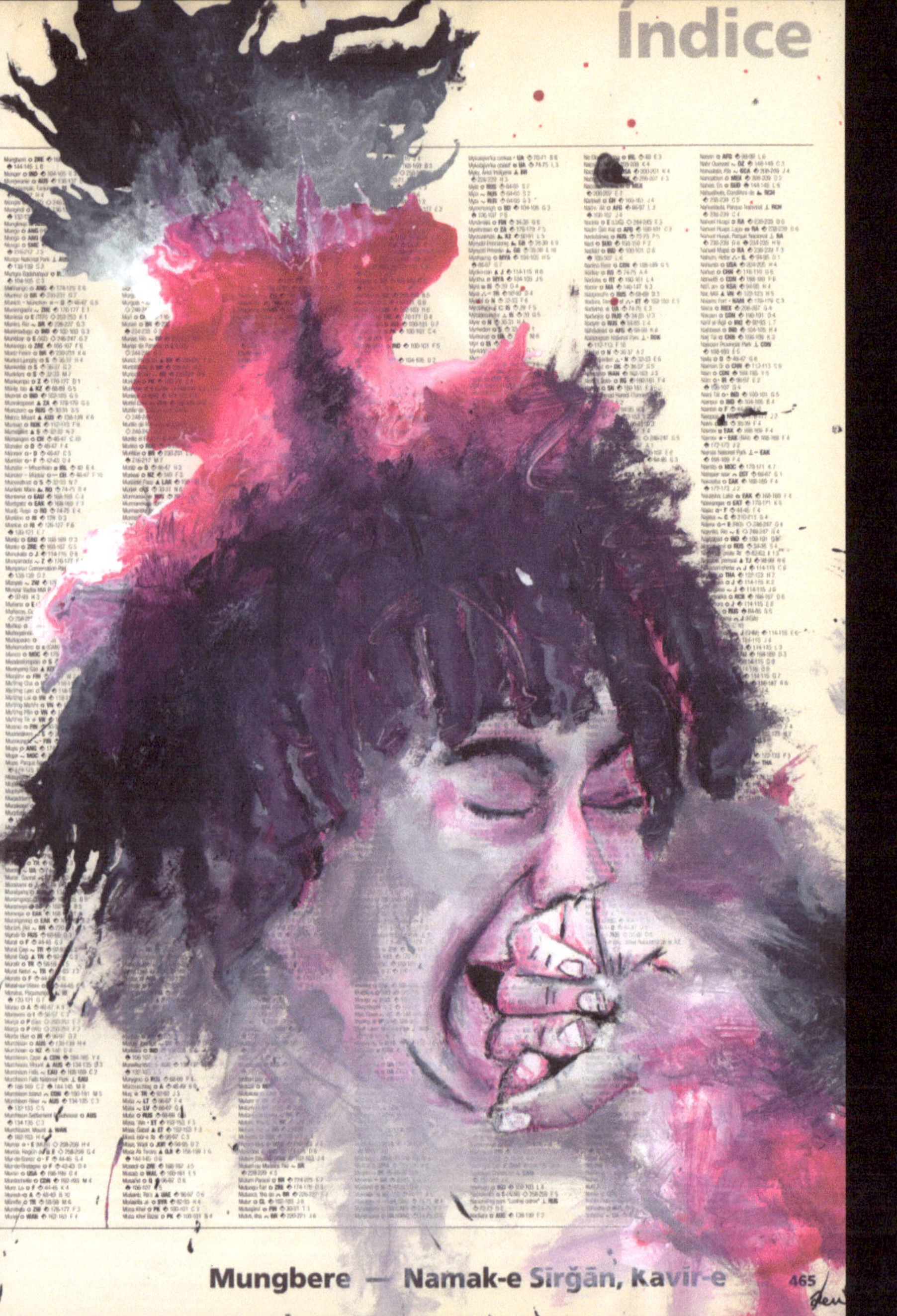

Aburrimiento
sentirse menos animado;
sensación de insatisfacción

Iruma habia decidido no ir a trabajar ese día y quedarse en casa pensando en cómo ayudar a su hijo.

De hecho, no tenía ningún deseo de trabajar, un sentimiento nuevo para él, que intentaba reprimir. Igual que intentaba reprimir esa sensación de preocupación ilimitada que sentía por Nema, que le consumía sin dejarle pensar en otra cosa.

Se repetía a sí mismo que sólo eran las secuelas de la pelea de unos días antes, y que pronto dejaría de sentir esos sentimientos. Pronto todo volvería a la normalidad.

Trataba de concentrarse en Nema y en cómo podía ayudarle.

Tenía claro que el chico no debía volver a tocar un color, así que empezó a buscar dónde escondía los que utilizaba para pintar, con la idea de tirarlos.

Buscando en el taller, detrás de una tabla de madera que estaba apoyada en la pared, fue donde encontró los retratos pintados por Nema.

Iba a tirarlos a la papelera sin ni siquiera mirarlos, pero cuando se le resbalaron de la mano y cayeron esparciendose por el suelo delante de él, no pudo contenerse.

Contempló los retratos durante largo rato y, aunque intentó convencerse de que no eran más que trozos de papel coloreado, se sintió cautivado por ellos.

En los rostros llenos de sufrimiento volvió a ver el mismo dolor que había sentido de niño, cuando no entendía por qué su padre ya no podía estar con él. Compartió con los retratados las lágrimas de aquellas tardes sin un padre que le pusiera a dormir, y mirando las caras sonrientes recordaba los momentos de jugar juntos.

Y por un momento, ya no se sintió tan distante de Nema.

Fue el sonido agitado del teléfono lo que le devolvió bruscamente a la realidad.

"Enseguida voy", se limitó a decir, y salió a toda prisa.

Cuando llegó a la escuela, todos estaban en el patio mirando al tejado de uno de los edificios.

Iruma miró hacia arriba y, aunque era a contraluz, reconoció la silueta de su hijo en la cornisa.

Corrió escaleras arriba, subiendo los escalones de dos en dos, ayudándose con el pasamanos para hacerlo aun más rápido.

"¡Nema!", le llamó Iruma cuando aún estaba al otro lado del tejado.

"Baja de ahí, por favor", continuó con voz desesperada mientras se dirigía hacia su hijo.

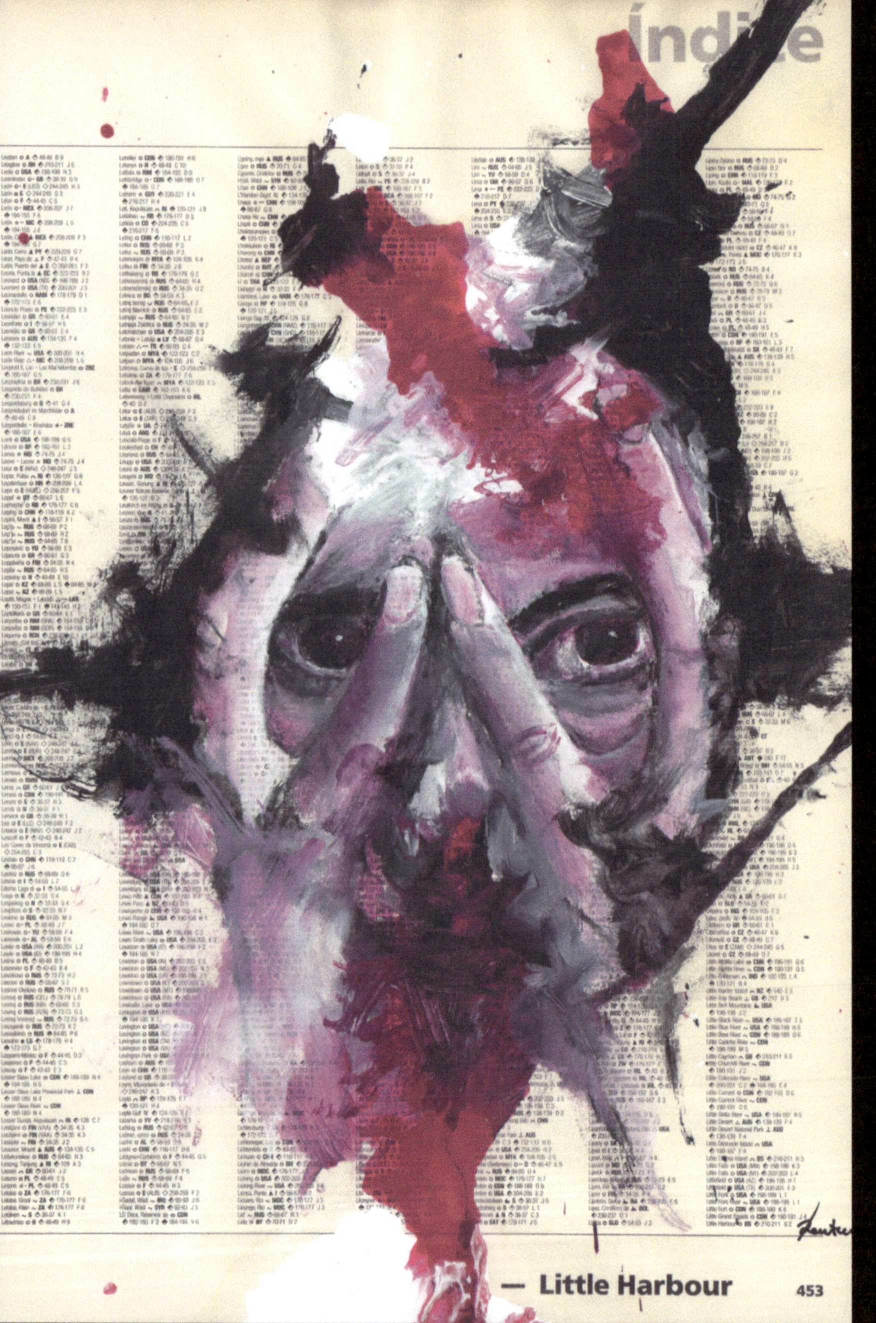
Índice
— Little Harbour   453
Terror
experimentar una fuerte
angustia o miedo intenso

"Papá... tenías razón", dijo Nema, volviéndose hacia Iruma. Sus ojos se llenaron de lágrimas, el rostro abatido de quien ahora lo había perdido todo. "Ahora lo sé, entendí lo que intentabas decirme, entendí por qué querías alejarme del arte. Pero ahora es demasiado tarde para dar marcha atrás. Ya no puedo fingir que todo va bien. Ya no puedo fingir que no tengo sueños, que no quiero otra vida que la que tú diseñastes para mí. Siento haberte defraudado papá, no ser el hijo que merecías tener.

Siento... Siento lo que te dije. Siento que por mi culpa tuvieras que sentir esa rabia y por todos los problemas que te he causado.

Daría lo que fuera por poder volver atrás y borrarlo todo, por volver a estar como antes, pero no es posible.

Lo siento papá...".

Nema se giró y dio un paso hacia el borde de la cornisa. Miró un momento hacia abajo y luego se inclinó hacia delante, dispuesto a saltar.

"¡Nema NO!" gritó Iruma "Me equivoqué. Fui yo quien lo hizo todo mal. Fui yo quien no te escuchó y ni siquiera intentó comprenderte. Pero ahora lo entiendo. Entiendo cómo te sientes, entiendo por lo que estás pasando. Sólo tenía cinco años cuando me separaron de mi padre y no recuerdo mucho de aquellos momentos. Pero sí recuerdo una cosa: que yo también sentí una emoción. Me sentía desconcertado, la cabeza me daba vueltas y tenía la sensación de que una corbata me apretaba el cuello. Como si..."

"Como si tuviera un nudo en la garganta", le interrumpió Nema.

"¡Sí! Como si tuviera un nudo en la garganta. Pero yo era pequeño y no entendía el valor de esa emoción. Mi madre sólo me explicó que esa elección era la correcta, y que sólo usando la razón en lugar de las emociónes podría tomar siempre las decisiones correctas. Y así es como he vivido toda mi vida: escondiéndome detrás de la razón y evitando hacerme más preguntas", continuó Iruma. "A veces, cuando tenía más o menos tu edad, volví a sentir algo dentro de mí. También tuve la duda de que estaba viviendo una vida vacía y aburrida, pero nunca tuve el valor que tú tienes Nema. Siempre fingí que no pasaba nada, hasta que ya no sentí nada de verdad. Hasta que nos peleamos y...."

"Papá yo... yo no quería..." dijo Nema con la voz rota por las lágrimas.

"¡Nema!", gritó Iruma, acercándose a su hijo y poniéndole las manos sobre los hombros, "no tienes por qué disculparte: te agradezco que me hayas hecho sentir algo de nuevo. Me he dado cuenta de que aquel día no estaba enfadado contigo, sino conmigo mismo. Porque no tuve el valor de reconectar con mi padre a tiempo, y porque había vivido toda mi vida sin encontrar la fuerza para elegir por mí mismo, por miedo a sufrir y a quedarme solo."

La mirada de Iruma se volvió dulce y llena de orgullo. Sus ojos, brillantes de amor, se detuvieron en los de Nema "Pero tú eres diferente hijo mío. No huiste como yo: encontraste la fuerza para enfrentarte a esas emociones y dejar que te guiaran hacia el camino que sientes más tuyo. Y lo hiciste solo contra el mundo: estoy realmente orgulloso de ti Nema".

Iruma dejó escapar un largo suspiro, y luego continuó: "Y tu abuelo también habría estado orgulloso de ti", dijo con una cálida sonrisa: "Estoy seguro de que le habrían encantado tus retratos".

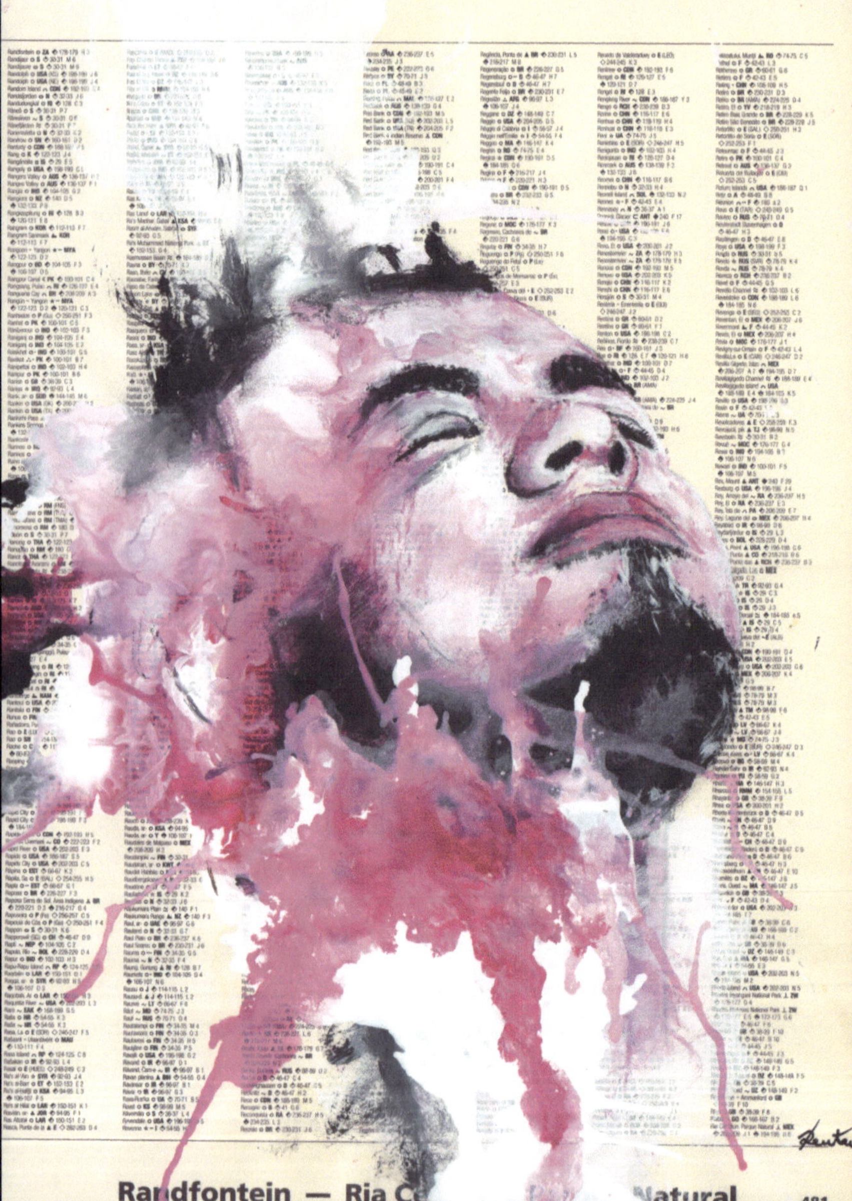

Índice
Randfontein — Ria Ce
Natural
481
Paz
estar libre de agitación y
emociones fuertes

Nema miró a su padre, y por fin se sintió ligero.

Al caer por fin el muro que los separaba, supo que ahora tenía un aliado con el que enfrentarse al mundo.

Y que nunca más volvería a sentirse solo.

Bajó de la cornisa y abrazó a su padre durante un largo rato.

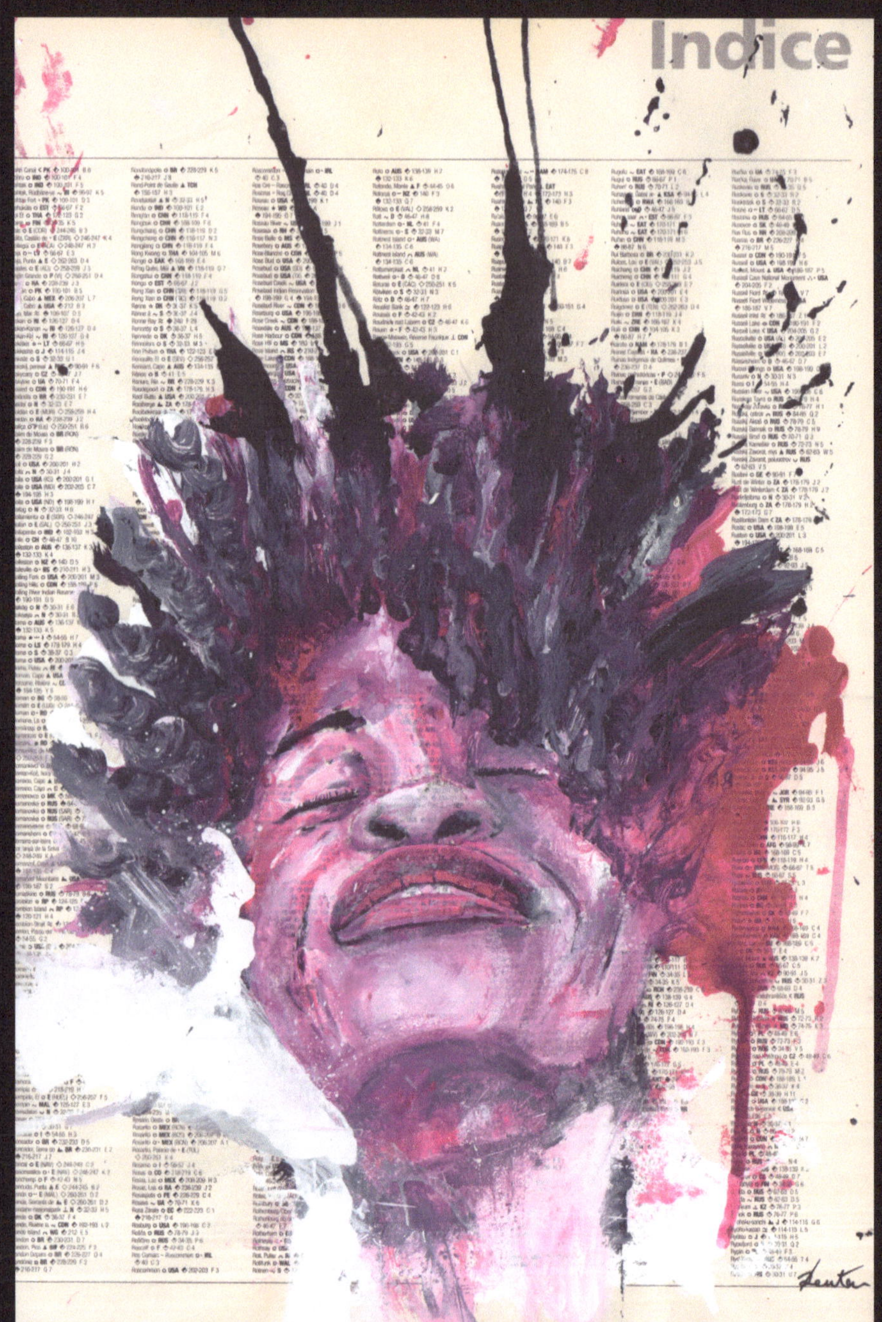

Éxtasis
sentir y expresar una
felicidad abrumadora

Día 21

Hoy es el mejor día de mi vida.

Pintar junto a papá me ha hecho sentir emociones tan fuertes que me han dejado sin aliento.

Hemos reido y llorado; nos abrazamos fuerte y disfrutamos del tiempo juntos.

A veces me gustaría que las emociones fueran siempre como hoy: una caricia que toca tu corazón. Pero me di cuenta de que si a veces las emociones son más ásperas, es sólo porque necesitamos un empujón extra.

Al final, las emociones no son ni buenas ni malas, simplemente estan aquí para mostrarnos la verdad. Lo que hagamos después con la verdad... bueno: eso depende de nosotros.

Nema

La vida corre ahora tan deprisa que ya ni siquiera encontramos tiempo para reflexionar sobre cómo nos sentimos realmente.

Seguimos con la cabeza agachada pase lo que pase, con el piloto automático.

Si por casualidad un amigo nos pregunta cómo estamos, respondemos con un vacío "Todo está bien".

Pero, ¿cómo estamos realmente?

A veces pienso que todo sería más fácil si no sintiéramos nada.

Así que me pregunté: ¿cómo sería nuestra vida si realmente no sintiéramos nada en absoluto?

Y así nació este libro.

Empezó como un juego, pero se convirtió en algo más.

Se convirtió en un recordatorio de lo preciosas y esenciales que son las emociones para estar en contacto con la parte más auténtica de nosotros mismos.

Se convirtió en un himno a la esperanza de que podemos cambiar el mundo en que vivimos aprendiendo precisamente a escuchar nuestras emociones.

Escribir "Los Colores De La Esperanza" ha sido un viaje intenso y profundo, un regalo que el destino ha decidido hacerme, y que he decidido compartir contigo, con la esperanza de que tú también, al final del libro, puedas sentirte un poco más como Nema.

ATENCIÓN: ¡CONTENIDO INTERACTIVO!.

Cada página del diario científico de Nema esconde un contenido interactivo: ¡escanea el código QR con tu teléfono y revivo la historia como si fueras el protagonista!

Este libro no habría sido posible sin el apoyo y la paciencia de mi esposa Laura, a quien va todo mi agradecimiento. Gracias también por la ayuda técnica :)

Gracias también a mis tres ángeles rebeldes, Amelie, Dylan y Zoe, que son mis mejores maestros.

Gracias a Nik, Andrea, Vanex, Serena y Marco por su apoyo constante y su ayuda creativa.

Un agradecimiento especial también a Laura de la Biblioteca de Vacarisses, que cada año promueve mis proyectos creativos y me empuja a involucrarme cada vez más :)

Y por último, gracias también a mis amigos del equipo de voleibol, que han soportado toda mi escala de emociones - ¡y que espero que sigan haciéndolo!

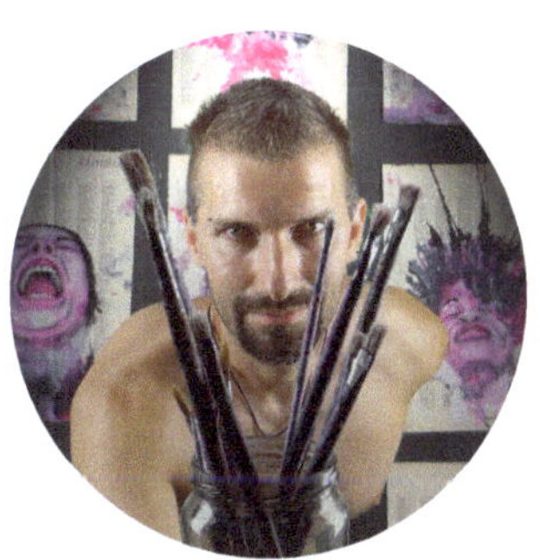

Emanuele "Renton" Fortunati es un artista y escritor que durante mucho tiempo se disfrazó de programador informático.

Nacido en los años 80 en Milán, Italia, Emanuele amaba el arte desde muy joven, pero su inseguridad sobre su talento para el dibujo y la pintura lo persuadió a dirigir sus energías hacia la seguridad de la robótica y la informática.

Poco después de su graduación, la vida estableció una de las pruebas más difíciles de su vida - la muerte súbita de su madre, a quien era muy cercano. Buscando escapar, Emanuele se fue de casa a la edad de 24 años y se mudó a Londres, donde pronto se enamoró de la vibrante energía de la escena artística underground. El artista olvidado escondido en el corazón del ingeniero informático comenzó a llorar por la atención, una batalla existencial que llevó a Emanuele a la depresión. En esta oscuridad, sabía que tenía que elegir entre la seguridad o un viaje para encontrar y pacificar a sus demonios y liberar su corazón.

Hoy en día, Emanuele vive con su esposa e hijos en un pequeño pueblo de las montañas de Catalunya, España, donde pinta, escribe y utiliza el poder del Arte para ayudar a las personas a conectarse con su propio Espíritu y poder personal.

rentonsroom.com
tiktok.com/@the_art_of_renton
instagram.com/where.art.meets.spirituality

NO TE OLVIDES DEL PODER DE LAS EMOCIONES

Con todos los compromisos que tenemos, no siempre es fácil acordarse de reflexionar sobre nuestras emociones. Corremos el riesgo de seguir con el piloto automático, hasta que la propia vida nos da un recordatorio, que a menudo significa recibir una buena paliza.

Una forma más amable de recordarnos a escuchar nuestras emociones es tener una imagen que nos lo recuerde: si te han gustado las ilustraciones del libro, ¿por qué no cuelgas una en tu casa u oficina?

Aquí puedes encontrar todas las ilustraciones: https://store.whereartmeetsspirituality.com

www.ingramcontent.com/pod-product-compliance
Lightning Source LLC
Chambersburg PA
CBHW040132240726
48664CB00002B/449